mark

這個系列標記的是一些人、一些事件與活動。

MARK 97

聆聽
民國史的馬蹄聲

林博文——著

Mark 97

關鍵民國

聆聽民國史的馬蹄聲

作者：林博文
編輯：李濰美
校對：楊菁・趙曼如・李昧・林博文
法律顧問：全理法律事務所董安丹律師
出版者：大塊文化出版股份有限公司
地址：台北市 105 南京東路四段 25 號 11 樓
網址：www.locuspublishing.com
讀者服務專線：0800-006689
TEL：(02) 87123898　FAX：(02) 87123897
郵撥帳號：18955675　戶名：大塊文化出版股份有限公司

總經銷：大和書報圖書股份有限公司
地址：新北市新莊區五股工業區五工五路 2 號
TEL：（02）89902588（代表號）　FAX：（02）22901658

初版一刷：2013 年 6 月
ISBN 978-986-213-441-2
定價：新台幣 300 元

國家圖書館出版品預行編目資料

關鍵民國 : 聆聽民國史的馬蹄聲 / 林博文著 .
-- 初版 . -- 臺北市 : 大塊文化 , 2013.06
面 ;　公分 . --（Mark ; 97）

ISBN 978-986-213-441-2（平裝）

1. 民國史

628　102008226

遙念　　滿美妹

目錄

民國長河中的弄潮者

自序

聆聽民國史的馬蹄聲

林博文

一九七二年二月下旬，美國總統尼克森首次敲開「竹幕」之門，對中國大陸進行破冰之旅。在尼克森訪華期間，中方的主要譯員是冀朝鑄、唐聞生和章含之，美方的首席翻譯則是曾在台灣學中文的傅立民（Charles W. Freeman, Jr.）。當時二十八歲的傅立民，在國務院上班時曾看到一份情報說，中國大陸已出版了一套點校本二十四史，他很興奮，希望能到北京買一套。機會終於來了，他帶了一筆錢準備隨尼克森訪華時買書。

傅立民短暫停留北京之際，特別抽空到王府井大街新華書店買點校本二十四史。書店店員告訴他，那套書還沒有出版，一批學者還在點校中。傅立民失望地回到釣魚台國賓館。

中方接待小組對尼克森訪問團每一個團員的動靜，都一清二楚，他們也都會把一些細節呈報周恩來。尼克森一行飛往杭州前，周恩來請吃中飯，傅立民和尼、周同桌當翻譯。席間，周恩來突對傅立民說：「聽說你對二十五史很有興趣，我不知道他們已開始寫中華民國在大陸的歷史。」周恩來把中華民國史列入二十五史了。周氏順便向尼克森介紹二十四史，由傅立民翻譯。

周恩來又向傅立民表示，既然你對中國歷史那麼有興趣，我們準備送你們兩套百衲本二十四史，一套給白宮，一套送國務院。周又說，他們將送一套剛出版的民初老政客兼言論家、時任中共中央文史研究館館長章士釗的新著《柳文指要》給傅立民，傅氏大悅。章士釗（字行嚴，其養女章含之是喬冠華的第二任妻子）研究唐代文學家柳宗元的著作《柳文指要》，頗受毛澤東欣賞，並推薦出版。中共動員一批學者點校的二十四史，直至一九七八年始全部出齊。過去數十年，中國大陸雖曾陸續出版有關中華民國史的書籍，但直到二〇一一年八月，才隆重推出北京中華書局印行、中國社科院近史所主持編纂的十六冊《中華民國史》、十二冊《中華民國大事記》和八冊《中華民國人物傳》，總共三十六冊，綜述一九四九年以前的中華民國史。

中華民國的獨特性

在中國歷史上，中華民國占有獨特的地位，它有兩個歷史現場（亦可稱歷史場景），一個在一九四九年以前的大陸，另一個則在一九四九年以後的台灣。

沒有人會想到清朝割讓給日本的台灣，在日本統治和用心建設五十年後，竟成為中華民國（蔣介石政府、國民黨政權）延續朝代香火的「蓬萊仙島」！儘管中華人民共和國政府和官方史家不承認一九四九年以後的中華民國，但無可否認的是，台灣的中華民國，不僅在毛澤東蓄意摧毀傳統文化和蹂躪蒼生的數十年間，不斷地向大陸照射充滿希望與人性的中華之光；並在大陸改革開放的進程中，被中共各級領導人當作改善統治文化的借鑑。

一九一二年至一九四九年的中華民國史，雖然只有短短三十七年，卻滿布動亂、苦難、血淚、掙扎、外侮和內鬥，不少史家認為只有從一九二八年至一九三七年（民十七至民二十六）這個階段比較爭氣，甚至美稱為「黃金十年」。一般史家把「中華民國在大陸」的三十七年分為五個時期，一九一二年至一九一六年（民元至民五），即袁世凱在政治舞台上當主角的時代是第一個時期。第二個時期是一九一六年至一九二八年（民五至民十七）的軍閥割據和混戰時期。第三個時期即一九二八年至一九三七年的所謂「黃金十年」階段。一九三七年至一九四五年（民二十六至三十四）對日抗戰，乃為第四個時期；從一九四五年抗戰勝利至一九四九年大陸淪共，是第五個時期，亦為中華民國向大陸作最後告別的淒楚歲月！

時代巨輪轉向的後果

南唐李後主哀歎：「無限江山，別時容易見時難，流水落花春去也，天上人間。」對故鄉山水和祖國大地懷有無限深情的蔣介石，領導中華民族艱苦抗戰，終獲最後勝利，絕不會料到日寇投降後四年，江山遽然變色，這位自律甚嚴的老軍人竟敗給「無法無天」的老造反毛澤東。蔣介石完全應證了李後主所說的：「故國夢重歸，覺來雙淚垂」的悲劇。「無限江山」和「反攻大陸」俱成蔣介石「人生長恨水長東」的永恆缺憾！

民國史充斥了危機與轉機，亦填滿了失望與希望。歷史走向和時代潮流是由人所支配的，尤其是在政治、軍事、經濟、文化與社會領域扮演呼風喚雨角色的領導者，面對滾滾浪滔，最重要的是如何在關鍵時刻把握機會，化逆境為順境，化頹勢為強勢，從而創造勝利局面。蔣介石在大陸的失敗，厥在於他經常在關鍵時刻錯失良機，作出錯誤的決策或用錯人，從內戰慘敗到經濟崩潰，從政治守舊到社會停滯，蔣介石始終被時代巨輪拖著走，而不是帶領時代巨輪向前進。抗戰勝利後，中國社會普遍響起「收復失土，喪盡人心」的怨言，絕非偶然。歷史的變數，亦非單一因素所促成。國軍在國共內戰全盤失利的原因，除了各級指揮官（包括蔣介石本人）的無能和戰略與戰術失當之外，戰場外的民心大逆轉、社會大失調以及國民政府的束手無策，殆為導致整個國家崩潰的致命要素。這也是迫使蔣介石不得不在一九四九年秋冬，面臨「最是倉皇辭廟日」的巨痛！歷史的大諷刺是，當年許許多多像前浙江省主席黃紹竑（季寬）一樣，懷著「北國正花開，已是江南花落」而投向中共陣營的軍人、政客和知識分子，到最後都在殘酷地毛政權下被批被鬥或唾面自乾，人的尊嚴蕩然無存，更遑論活下去！

去除「民國史史盲症」

曾於一九六五年做過《紐約時報》西貢分社主任（即駐越南首席特派員）的藍古斯（A. J. Langguth），離開報界後在南加州大學（USC）新聞系教書，有一次在課堂上講到媒體與越戰的關係，他的學生都是在八〇年代以後出生，越戰對他們而言，如同「古代史」。他問學生知不知道越戰時代的美國國務卿魯斯克、白宮國安助理麥克喬治・彭岱、國防部長麥納瑪拉和美軍駐越最高指揮官魏摩蘭。全班學生都不知他們是何許人，只有三個學生說他們聽過麥納瑪拉的名字。藍古斯追問之下，這三個學生記憶中的麥納瑪拉，並不是越戰時代的國防部長，而是一九一〇年因勞資糾紛炸毀《洛杉磯時報》大樓的麥納瑪拉兄弟。

年輕人不懂本國近現代史，已成為舉世皆然的一種普遍現象。海峽兩岸的年輕一代，對歷史缺乏興趣，不知中華民國史和國共關係史，亦不知蔣介石和毛澤東所作所為，更不用提孫中山與袁世凱了！普魯士「鐵血宰相」俾斯麥嘗言，決策者必須能夠在靜夜裡聽到遙遠的歷史馬蹄聲，才能在關鍵時刻做出明智而又正確的判斷。俾相認為深懷歷史感的人，方有高瞻遠矚的胸襟與眼光，此即為「以史為鑑」的真諦。

環顧當今舉世領導階層，能夠耳聞遙遠的歷史馬蹄聲的掌權者，蓋已寥若晨星矣！

二〇一三年二月二十三日清晨於紐約

民國景觀上的轉折點

天安門傳奇

耶魯大學中國近代史榮休講座教授史景遷（Jonathan D. Spence），一九八一年出版了一部探討近代中國著名人物與革命的著作，這部書就叫《天安門》（*The Gate of Heavenly Peace*）。

史景遷說，一百多年來，天安門一方面使中國人產生一種遠離現實的夢想；但在另一方面，天安門也是政府威權的象徵。這種威權有時候會斲喪老百姓的夢想，有時候會把老百姓捉將官裡去。然而，有時候，這種威權會在不可測知的人民力量之前，一籌莫展。史景遷指出，自十九世紀九〇年代至二十世紀八〇年代，中國飽經外患和內憂，在這內外激盪的橫流中，很少中國人未受其影響與衝擊。

一九八九年六月，天安門又成為中國歷史的重心、全球矚目的焦點。天安門廣場（Tiananmen Square）又因學生民主運動，而變成全世界家喻戶曉的地方。

在近代史上，天安門曾目睹過無數的歷史性事件，它本身亦曾受到炮火的洗禮。一百多年來，中國人的多少尊嚴與恥辱、驕傲與屈膝、勇毅與殘忍，都曾經在天安門廣場上輪番上演。

庚子拳亂

一九〇〇年四月中旬，義和團數百拳民攜帶兵器到達盧溝橋，散發反對外國教會的揭帖。四月下旬，團眾不斷進入北京。五月至六月，義和團先後焚毀了高碑店、涿州、琉璃河、長辛店、盧溝橋、豐台等車站，以及豐台機器製造局，扳毀鐵路。六月四日，又在北京南郊燒毀黃村車站，包圍聶士成軍隊，擊斃聶軍八十餘名。

在五月三十一日，各國駐華公使便以保護使館為名，調兵進京。第一批有美、英、法、義、日、俄等國軍三百多人。六月一、二日，又有德、奧兩國官兵八十餘人入京。六月中旬後，北京城實際上已被義和團所控制。拳民的活動，影響著大清帝國首都生活的每一個層面。皇宮的宮門、中央政府的各個大小衙門和親貴王公的住宅，幾乎皆有義和團派人把守監視。即連大道路口和內外城各門，也都有團眾站崗。

義和團開始進攻北京城裡的天主教堂和耶穌教堂，並將外國使館所在的東交民巷改名為「切洋雞鳴街」，御河橋易名為「斷洋橋」。六月十六日，拳民放火焚燒前門外大柵欄老德記西藥房，大火蔓延，四千多家店鋪均被焚毀。大柵欄以外，珠寶市是北京的金融中心，亦未倖免。六月十七日，電報局被焚。從六月十五日到八月十六日，義和團包圍天主教北堂（西什庫教堂）六十三天，拳民與困守教堂的中國教徒，死傷無數。六月二十日，德國公使克林德為了向清廷交涉，在前往總理衙門途中被清軍虎神營官兵槍殺。

被圍在東交民巷的外國人員，除了終日躲在樓裡或地下室裡的外交人員較少傷亡外。據記載，截至七月二十日止，法軍死傷四十二人、德軍死傷三十人、日軍死傷四十五人，共一百一十七人（在整個拳亂中，外國人約有二百三十一人死亡）。但榮祿的武衛軍和董福祥的甘軍，據估計死亡人數當在四千以上，而拳民傷亡更重。

一九〇〇年八月十三日深夜，八國聯軍四萬餘人自天津攻到北京城下，第二天進入城區。八月十五日，慈禧太后挾光緒皇帝倉皇西逃。八國聯軍分區占領北京城，進行血腥軍事統治，拳民與無辜平民死亡無數。聯軍圍攻和焚燒莊親王載勛的住宅，當場燒死一千七百多人。聯軍公開准許軍隊從八月十六日到十八日，搶劫三天，而實際上直到聯軍撤離北京之日，搶劫始終未曾停止。

聯軍攻進北京城時，炮火打壞了天安門前的華表。據中共文獻記載，一九五二年八月修繕天安門時，工人從城樓西邊的木樑上，取出三顆炮彈，彈殼上隱約可見英文字母。從炮彈的古老形式看來，無疑是八國聯軍留下的「紀念品」。

庚子拳亂過後十二年，也就是民國元年，天安門一帶又演出了「北京兵變」。

一九一二年初，北京的革命黨人痛恨袁世凱的情緒，已高漲到飽和點。革命黨人除了繼續準備武裝起義之外，曾進行兩次重要的暗殺行動。第一次是一月十六日，張光培等十八人在東華門大街行刺袁世凱，沒有成功。經過激烈戰鬥後，張光培等十人被捕，其中三人慘遭殺害。第二次是在一月二十六日，革命黨人彭家珍在光明殿胡同投擲炸彈刺殺頑固派分子宗社黨良弼，彭家珍當場犧牲，良弼也重傷而死。

二月初，南方革命政府與袁世凱達成協議，約定清帝在獲得優待條件的情況下宣布退位，南京的中華民國臨時參議院則選舉袁世凱繼孫中山為臨時大總統。二月十二日，清帝宣布退位。當時，北京的政治空氣空前活躍，報刊雜誌像雨後春筍一般大量湧現，僅報紙就多達一百種左右，占全國總數的五分之一。

清帝退位以後，在遷都問題上，南北方展開了一場鬥爭。選舉袁世凱以前，臨時參議院曾根據孫中山的提議，決定首都定在南京，不許遷移。袁世凱必須到南京就任，遵守〈臨時約法〉三個條件，藉以約束袁世凱。孫中山的目的是要把袁調離北京這個封建老巢，並把他放在南方革命勢力的監督之下。但袁氏以北方形勢不穩為藉口，堅決不肯離開北京，且以「軍隊暴動、皇族蠢動、外國干涉」來威脅南方。

一九一二年二月二十五日，孫中山派遣的專使蔡元培、宋教仁、汪精衛、鈕永建、王正廷、劉冠雄、魏宸組、唐紹儀等人到達北京。袁世凱一面以隆重之禮歡迎蔡元培等人，並假裝同意南下，一面卻策劃一次大規模的兵變，這就是民國成立之初有名的「北京兵變」。

二月二十九日晚上，袁世凱的爪牙曹錕所率領的第三鎮士兵，突然在朝陽門外東岳廟譁變，到東城、南城、北城大肆放火洗劫。蔡元培等專使在煤渣胡同的住所也被搶掠一空，專使們逃至使館區六國飯店避難。正在此時，袁派人把專使們找來，商議南下的問題。袁以預謀的兵變證明了自己不能離開北京的說詞，專使們驚魂未定，也就議決致電南京參議院主張讓袁在北京就職，參院同意，並在四月二日決議遷都北京。

袁世凱一手製造的兵變，為北京城帶來了極大的破壞。經過二十九日晚上的焚燒和掠奪，許多店舖門口都貼上「搶劫一空」的條子。亂軍大搶一陣之後，仍回到城外駐地。第二天，京防營務處總理陸建章和毅軍將領姜桂題，宣稱這次事變是「土匪作亂」，搜捕一群貧民，誣指他們為土匪，並抓到天橋處死。當天晚上，毅軍又在西城滋事，天津、保定也相繼發生兵變。

據估計，北京兵變期間，四千多家店舖被搶，損失九千多萬兩，北京城內屍體遍地，市民財產和市區建築受到嚴重損害。

北京兵變結束七年之後，天安門廣場上發生了近代中國第一次、也是最有名的一次大規模學生愛國運動，即五四運動。

五四愛國情緒高張

北京政府對五四事件的最初反應，顯然頗為躊躇和迷惑。總統徐世昌並不堅持嚴懲學生，溫和派的教育總長傅增湘亦打算和學生妥協。然而，這種態度並不為軍頭和保守派所接受。因此，五月四日晚上在總理錢能訓官邸召開的會議中，以安福系和親日分子為主的保守派，即提出封閉北大、撤換北大校長、嚴懲學生的要求，並獲通過。

在五四示威之後，北京政府曾立刻採取一些防範於後的措施，如新聞檢查、切斷北京與國外的有線電報電話。自五四至五月底，學生仍繼續示威，政府亦繼續抓人，但事態並未擴大。然而，到了六月二日下午，北大學生張國燾等七人被捕；六月三日，北京政府態度轉趨強硬，升高對立態勢，當天軍警逮捕街頭演講隊學生一百多人，皆拘禁於北大法科大禮堂。是為「六三事件」的開始。

北洋軍警逮捕學生，以步軍統領王懷慶執行最力。六月四日，各校學生分隊四處演講，慷慨陳詞，更為激烈。軍警禁阻無效，乃以馬隊衝散群眾，抗拒即施以鞭打，此後大舉逮捕學生，押送北大法科，連「六三」所拘者共八百二十七人。因被捕學生愈來愈多，乃將理科大講堂改為拘留所，有一百三十九人被拘該地。拘禁於警廳及步軍統領衙內者，數字不詳；被毆重傷者，則送至同仁醫院治療。

然北京政府有鑑於學生不畏軍警嚇阻，以武力鎮壓學生勢將拘不勝拘，捕不勝捕，乃見風轉舵，改變政策。六月八日中午，各校代表歡迎被拘同學返校，大呼中華民國萬歲！中國學界萬歲！北京大學萬歲！北京政府態度軟化的最主要原因，乃是全國響應的「三罷」——罷課、罷市、罷工，使北京政府大感吃不消！

一九二六年，在愛國情緒仍然高漲之際，天安門廣場又上演了著名的「三一八慘案」。

三月十二日，日本軍艦掩護奉軍闖入大沽口，炮擊炮台守軍（馮玉祥的國民軍），守軍還擊，雙方互有傷亡。十三日英、美、法、義、日五國公使召開緊急會議，決定以辛丑和約八國公使名義，向中國提出五點最後通牒。北京外交部態度軟弱，激起民眾公憤。

三月十八日上午十時，北京市民兩千多人在天安門舉行「反對八國通牒」國民大會。會後向長安街鐵獅子胡同國務院出發，沿途高喊口號。下午一時二十分，部分遊行隊伍到國務院，要求派代表會見總理，衛隊緊閉柵門不許他們進去。群眾憤怒高呼「打倒帝國主義！」「打倒賣國政府！」衛隊旅長宋玉珍向段祺瑞請示，段下令向手無寸鐵的群眾開槍，當場打死遊行者四十六人，打傷一百五十五人，其中有不少是女學生和未成年學生。

魯迅在〈無花的薔薇之二〉一文中說，一九二六年的三月十八日，是「民國以來最黑暗的一天。」

就像古今中外許多獨裁專制政府一樣，北京國務院在「三一八」當天發出通電，無中生有地誣衊請願者「組織敢死隊衝鋒前進，擊死憲兵一人，傷警廳稽查及警察各一人、衛隊多名。當場奪獲暴徒手槍數枝。」北京段祺瑞政府的目的，在於把這一血腥屠殺罪行說成是執政府衛隊的自衛行為。

三月二十五日，北大學生為殉難同學李家珍、黃克仁、張仲超下葬，送殯者達千餘人，並且舉行了抬棺遊行。據當時擔任執政府衛隊旅上校參謀長的楚溪春回憶道，「三一八」慘案發生時，住在吉兆胡同的段祺瑞正在和圍棋神童吳清源下圍棋，段祺瑞對楚溪春說：「楚參謀長，你去告訴衛隊旅官兵，我不但不懲罰他們，我還要賞他們呢！這一群土匪學生……。」楚氏又說：「那一天是陰天，天上飄著小雪花，當我再經過執政府門前時，就看見有一、二十具白皮棺材擺在執政府門前。……當時為了顛倒是非，旅部就開會決定，馬上找來幾隻舊手槍，說是學生們的兇器；又找了幾把條帚和幾個煤油桶，裝了一些煤油，說學生拿這些東西準備放火燒執政府……。」

近代史上的著名人物，如李大釗、徐謙、李石曾、丁惟汾和陳毅（日後曾任中共外交部長）等人，都是「三一八運動」的參與者。

激發年輕人去思索

三〇年代中葉，日本侵華野心日益高漲。一九三五年十二月上旬，天安門廣場發生了震撼全國的「一二九運動」。

十二月九日，國府準備在北平成立冀察政務委員會，以實現華北特殊化。北平各大學學生為反對成立傀儡政權，決定發動大規模示威遊行。「華北之大，已經安放不下一張平靜的書桌了！」這是一二九運動中一篇宣言裡的一句話。這一句話頗有概括性。它道出了當時北平同學的愛國情緒，也啟發了年輕的愛國者思索問題：個人的命運和祖國的命運是不是息息相關？

十二月九日這一天，約有七千多名大中學生參加了遊行示威，有一百多人受傷，三十多人被捕，日後在中共政府中擔任高職的外交部長黃華（王汝梅）、黃敬（俞啟威，前國府國防部長俞大維的侄兒）和中共中央政治局常委的姚依林，都是當年「一二九運動」的健將。

中共統治中國大陸後，刻意拆除、整修、擴大天安門廣場的範圍，「文丑」郭沫若曾為「大

▲天安門廣場中央舊址上已拆除的中華門，過去先稱大明門，後叫大清門，辛亥革命後改稱中華門，為拓建天安門廣場而拆除。
▼五〇年代初，中共建國未久的天安門城樓。城樓上的標語：「中華人民共和國萬歲，世界人民大團結萬歲」，仍是繁體字。

廣場」寫過一首歌功頌德的詩句。三百多年前的廣場紅牆拆除了，一九二四年十二月建成的電車軌道也移走了，整個廣場面積達四十公頃。

一九七六年清明節，震動中外的「天安門廣場事件」發生了。中國人民經過文革浩劫之後，鬱積在心中的十年怨氣與苦悶，只有在紀念周恩來（一月八日病逝）的清明時節得以宣洩出來。那個時候，第一次復出的鄧小平，因毛澤東和四人幫的壓制而再度靠邊站，北京全是四人幫的天下。他們看到堆積在天安門廣場上人民英雄紀念碑的花圈，高聳入雲，他們也看到群眾懷念周恩來的悼詞，字字血淚。他們決定以高壓手段制止這場別具他意的悼周活動。

四月四日是清明節，又是星期日，這一天，到天安門廣場的群眾達二百萬人以上。四人幫「清理花圈、標語和抓反革命」的行動，是在四月四日晚上十一時以後展開，四月五日，鎮壓行動全面進行，數十萬名群眾與五萬以上的民兵、三千名以上的警察發生衝突。四人幫成立「三聯指揮部」統一鎮壓行動。據嚴家其和高皋合著的《中國「文革」十年史》的記載：「晚九點四十五分左右，大規模的毆打結束了。紀念碑旁地上攤攤鮮血邊躺著、蹲著、趴著鼻青臉腫的二百多名被打群眾。經過初審，他們分別被押送到中山公園等地，每個人都被仔細地搜身、審問，有的還被帶上了背銬，投入了監獄。夜晚十一時，統一調動的上百名公安幹警從廣場北側國旗桿處一字橫排，用水和墩布由北往南拖擦地上的血跡，企圖掩蓋他們一夥利用黑夜對中國人民所犯下的罪行。」四月六日深夜，天安門廣場開始戒嚴。第二天，天安門廣場裡，一批灑水車仍在沖刷殘留在廣場上的血跡。

血跡或許可以洗刷乾淨，但王立山在廣場紀念碑上所寫的一首詩，將永垂青史：「欲悲聞鬼叫，我哭豺狼笑。灑淚祭雄傑，揚眉劍出鞘。」

耶魯教授史景遷認為天安門是政府威權的象徵。中共解放軍一九八九年六月四日凌晨在天安門廣場上的大開殺戒，毋寧是這種恐怖威權的濫用與褻瀆。一九一九年五四運動之後，胡適寫了一首題為〈威權〉的詩。原詩是這樣的：

威權坐在山頂上！
指揮一班鐵索鎖著的奴隸替他開礦。
他說：「你們誰敢倔強？
我要把你們怎麼樣就怎麼樣！」
奴隸們做了一萬年的工，
頭頂上的鐵索漸漸的磨斷了。
他們說：「等到鐵索斷時，
我們要造反了！」

奴隸們同心合力，
一鋤一鋤的掘到山腳底。
山腳底挖空了，
威權倒下來，活活的跌死！

五四運動虹光長在

請告訴我誰是中國人，
啓示我，如何把記憶抱緊，
請告訴我這民族的偉大，
輕輕的告訴我，　不要喧嘩！

請告訴我誰是中國人，
誰的心裡有堯舜的心，
誰的血是荊軻聶政的血，
誰是神農黃帝的遺孽。

誰告訴我戈壁的沉默，
和五嶽的莊嚴？　又告訴我
泰山的石霤還滴著忍耐，
大江黃河又流著和諧？

——聞一多：祈禱

一九一九年的五月四日，三千名大學生在北京天安門廣場示威，要求「還我青島」、「內除國賊，外抗強權」；一九八九年的五月四日，二十萬名大學生在天安門廣場遊行，高舉「德先生，你好」的大纛，「要民主、要自由、要人權」。

這一世代的年輕人，仍然擎著「老祖父時代」的火炬在街頭遊行，證明了中國政治完全沒有進步，顯示了中國社會還在原地踏步走。這是中國人的大悲哀，也是近代中國的大悲劇！

一九一九年的五四運動，孕育了中國共產黨，也肇始了毛澤東筆下「反帝反封建」的愛國浪潮；七十年後，中共政府卻和當年的北洋政府一樣，面對排山倒海而來的憤怒青年，面臨波瀾壯闊的示威人潮，吶喊的口號雖殊，激盪的心靈則同，這真是時代的諷刺和歷史的夢魘！

近代中國充斥了許多不幸的歷史事故，例如日本的二十一條要求、五卅慘案、九一八事變和七七事變等，這些慘痛的史事，使中國受到永恒的創傷。民國元年（一九一二）以來，只有極少數的歷史性事件，能夠對當時以及後世發生正面的作用和深遠的影響，五四運動就是其中最足以輝耀古今的大事。

要細說五四運動，則必須把時光倒退至一九一九年。

中國的文藝復興運動

其實，五四運動本身就是一個複雜的叢體，它不只是愛國運動，同時也是一個新文化運動和思想革命。在胡適的筆下，它是「中國的文藝復興」。曾在威斯康辛大學任教、以英文本《五四運動史》（哈佛大學一九六〇年出版）蜚聲學界的周策縱教授（二〇〇七年五月七日辭世於舊金山，享年九十一歲），則為五四運動下了一個廣泛的定義：「五四運動是一個複雜現象，它包括新思潮、文學革命、學生運動、工商界的罷市罷工、抵制日貨運動，以及新知識分子所提倡的各種政治和社會改革。這一連串的活動都是由下列兩個因素激發出來的：一方面是二十一條要求和山東決議案所燃起的愛國熱情；另一方面是知識分子所提倡的學習西洋文明，並希望能依科學和民主觀點來對中國傳統重新估價，以建設一個新中國。它不是一種單純不變、組織嚴密的運動，而是許多思想紛歧的活動匯合而成，可是其間並非沒有主流。」

前聖他芭芭拉加州大學歷史系教授徐中約（二〇〇五年十月二十四日病逝於南加州，享年八十二歲），則認為一九一九年（民國八年）五月四日北京學生的大示威，只不過是整個新文化運動（亦即思想革命）中的一個高潮而已，由於「五四」示威太有名了，因此後來就把新文化運動稱為五四運動，這個廣義的運動，其起迄時間是一九一七年到一九二三年。

以北大學生傅斯年、羅家倫、段錫朋為首的三千熱血青年，衝出馬神廟校園、走向天安門廣場，並不是因一時的衝動或偶發的事件，而係長期遭受內外壓迫的中國民族的必然反應，也是大江東流擋不住的歷史潮流。然而，促成學生要求變革的動力，卻是有其鮮明的時代背景。

一九一二年滿清垮台、民國肇建以後，中國非但未享受和平、團結與統一，建國後的十年，反倒是近代史上最黑暗、混亂的時期：無政府狀態、道德淪喪、軍閥混戰和外患不斷。換句話說，辛亥革命雖推倒了君主制度，建立了共和政體，但這只是表面上的「整容手術」而已；中國的內涵、本質和「五臟」，完全沒有改變，絲毫沒有脫胎換骨。一群在西方留學或受到西學影響的新知識分子，紛紛鼓吹改革，要求重估中國傳統文化，提倡科學與民主。同時，這一批受過日本和西方教育與學術訓練的知識分子，也開始介紹新思想和新文學以取代「國粹」及古典文學；有些激進派則大聲疾呼「打倒孔家店」，剷除「吃人的禮教」。

這種思想上的轉換和變革，其江聲之浩蕩，遠邁一八九五年至一九一一年之間的新舊學之爭；有些學者則認為一九一七年至一九二三年的新文化運動，乃春秋戰國時代「百家爭鳴」以來所未曾有的思想盛世。

這個盛世的特色包括：第一、陳獨秀於一九一五年九月十五日在上海創辦《青年》雜誌，一年後月刊改名為《新青年》。這份雜誌在五四運動期間，扮演過一個極其重要的角色。當時《新青年》所討論的三大主題是：反對孔教、文學革命和教育改良。陳獨秀認為要改造國家，必須先有負起改造任務的新青年。更重要的是，陳獨秀大力鼓吹德謨克拉西（民主）和賽因斯（科學）這「兩位先生」。他說：「我們現在認定這兩位先生，可以救治中國政治上道德上學術上思想上一切的黑暗。若因為擁護這兩位先生，一切政府的壓迫、社會的攻擊笑罵，就是斷頭流血，都不推辭。」

第二是蔡元培在一九一六年開始主持北京大學，提倡學術自由、學術獨立和教育第一，延聘兼具新舊思想的名學者到北大教書，使學術界的「梁山泊」添了幾條好漢。在一九一七年，陳獨秀成為北大文科學長（文學院院長），廿六歲的哥倫比亞大學留學生胡適到了北大，第二年李大釗做圖書館館長，他請了湖南鄉下人毛澤東做圖書館職員。死氣沉沉的北大開始蓬勃了，真正成了中國的學術重鎮，也使得北大在五四運動時期成為龍頭老大。北京學子要不要罷課上街遊行，全聽北大一句話，於是：「罷不罷，看北大；北大罷，不罷也罷；北大不罷，罷也不罷。」

第三則為胡適提倡科學思想、實驗主義和白話文。其中尤以白話文的推行，影響最大。他提出「國語的文學，文學的國語」；發表〈建設的文學革命論〉，主張「要有話說，方才說話。有什麼話，說什麼話；話怎麼說，就怎麼說。要說我自己的話，別說別人的話。是什麼時代的人，說什麼時代的話。」胡適是一個「舊學邃密，新知深沉」的年輕學者，也是一個能說善道的「徽駱駝」，對當時的青年極具影響力。但在五四大示威當天，他不在北京，而到上海迎接他的哥大老師杜威去了。因此，胡適對五四運動一直有一種錯綜複雜的情意結，他贊同它，但又認為它對新文學運動構成了「政治性的干擾」，是新文學運動的「一條岔路」。

知識分子急於推動改革

但是，這些思想上的大革命，不會發生在一個風平浪靜的社會，它只會發生在內部積弱而外在世界又逢激烈變動的時代。在第一次世界大戰（一九一四至一八）時期，美國總統威爾遜所提倡的民族自決和廢除秘密外交的主張，頗為中國知識分子所激賞；同時，世界各地不斷發生一連串劃時代的大事，也在中國知識群眾中引發了震撼，那就是一九一七年的俄國布爾什維克革命，芬蘭、德國、奧地利和匈牙利等地的社會主義革命，以及一九一八年日本的稻米騷動。

有血性、有良心的中國知識分子，眼看全球風雲變幻、風雷激盪，但新興的中華民國卻像奄奄一息的病患，於是一股救國救民的民族情操和愛國情懷，即油然而生。而日本在一九一五年一月十八日向袁世凱提出的二十一條要求，即變成民怨國恨家仇的宣洩焦點。伴隨著抵制日貨運動而起的是民族主義的高漲，特別是城市商人和工人（在一九一九年約有二、三百萬人）的愛國情緒，更是不亞於學生。

在北京、上海、武漢、南京、天津和廣州等新興城市聚居的知識階級，據估計，在一九〇七年至一七年之間，至少已達一千萬人。這批人目睹列強壓迫、國勢阽危的困境，他們一心一意想要救國；學成回國的留學生，更是急於推動改革。

這種求變的思潮和熱望，終於在一九一九年的五月四日體現了。

一九一九年的國內情勢為：北京政府由安福國會選舉的大總統徐世昌當政，與廣州非常國會的護法軍政府（有七名政務總裁，以岑春煊為主席）相對立。為達成全國和平統一，徐世昌派朱啟鈐為總代表，率吳鼎昌、徐佛蘇和王克敏等人，與岑春煊所派的唐紹儀（總代表）、章士釗和胡漢民等人，於二月二十日在上海舉行「南北和平會議」。會議數月，雙方未能化除歧見，「南有政學，北有安福」兩系，在幕後阻梗尤力。國人苦罹兵禍已久，矚望和平甚殷，然因北洋政府與廣州政府「南轅而北轍」，和平無望，人心大為失望。

當時的國際情勢正逢第一次世界大戰結束，勝利的英、法、美、日、意等協約國二十七國，於一月二十八日召開巴黎和會，對戰敗的德、奧、匈等同盟國議訂和約。中國在歐戰期間曾派遣二十萬華工赴歐參戰，故以協約國身分參與巴黎和會，並派遣外交總長陸徵祥、駐美公使顧維鈞、駐英公使施肇基、駐比公使魏宸組和代表廣州政府的非常國會參議院副議長王正廷五人為代表。

中國朝野重視巴黎和會（又稱萬國和會）的主要原因，乃因會議將討論山東問題。

歐戰初起時，日本藉口英日同盟，參加協約國，對德宣戰，旋於一九一四年九月進攻膠州灣，自山東登陸，占領青島及膠濟鐵路沿線城市，企圖乘機奪取德國在華利益。日本繼又於一九一五年一月向北京政府提出二十一條，其中即包括意欲據山東為己有之條文。一九一九年一月二十七日，美、英、法、意、日五國所組之十人最高會議，討論山東問題。美國代表威爾遜總統和蘭辛國務卿堅持邀請中國代表顧維鈞、王正廷列席。其時，首席代表陸徵祥患病，事先商定由顧發言。日本代表西園寺公望公爵及牧野伸顯男爵提出無條件繼承德國在山東之權利，顧維鈞乃聲請此一問題須先由中國陳述理由再行討論。

次日上午，最高會議繼續舉行，顧維鈞應主席法國代表、「老虎總理」克里蒙梭之請，起立發言。三十多歲的顧氏，風度翩翩，操流利之英語，侃侃而談，雄辯滔滔。顧氏稱山東乃中國孔孟誕生的聖地，猶如耶路撒冷，如耶路撒冷為外來勢力侵犯，世界即不能太平；山東如不歸還中國，則遠東和平基礎亦無從奠立。克里蒙梭會後評論顧維鈞之對付日本，有如貓之戲弄老鼠，極盡其擒縱之能事。

但美、英、法三國因其他問題發生意見衝突，無暇討論山東問題。一直到四月下旬，中日雙方始互提解決辦法，美、英、法亦希望將山東問題做一了結。中日正在討價還價之際，日本突公布中國駐日公使章宗祥「欣然同意」中日合辦經營膠濟鐵路及聘請日人訓練路警的電文，並透露陸徵祥於飛巴黎道經日本時，曾承諾在和會中與日本合作。日本的這一「殺手鐧」，使中國代表至為狼狽，亦使美、英代表大惑不解，且懷疑中日之間對山東問題早有諒解。故和會最後決議，允將戰前德國在膠州及山東所有各項權利讓與日本。中國代表於五月一日提出嚴重抗議無效，交涉遂告完全失敗。

正在歐洲考察的「言論界的驕子」梁啟超，在四月二十四日自巴黎致函汪大燮、林長民時，即預告山東問題前途堪憂。五月一日，林長民在北京《晨報》上發表〈山東亡矣〉的新聞稿，一開始就說：「膠州亡矣！山東亡矣！國不國矣！」北京《晨報》為研究系之機關報，梁啟超、汪大燮、林長民皆為研究系之巨頭，林長民署名之新聞稿，一方面是向國人通告巴黎和會交涉失敗，另一方面則意圖製造政潮以打擊當道的安福系。

但林長民和北京《晨報》始料未及的是，「山東亡矣」的標題，竟如春雷乍動，掀起了近代中國的第一次大規模群眾運動，於是，五四運動爆發矣！

北京學生示威大遊行

一九一九年五月三日晚上，北京大學法科大禮堂召開北京大專學校學生代表臨時緊急會議，由段錫朋當主席。會中決定提前在五月四日（原定五月七日）下午十二時，舉行北京大專學生大會，遊街示威。五月四日（星期日）上午十時，先在堂子胡同法政專校召開各校學生代表會，預備遊行示威活動，有十三所大專學校學生代表參加，陸軍學校也派代表列席。在一小時半的會議裡通過了五項決議：一、通電國內外各團體，呼籲他們抗議巴黎和會的山東問題決議案；二、設法喚醒全國民眾；三、準備五月七日在各地召開國民大會；四、聯合北京所有學生，組織一個永久性機構，負責學生活動以及與其他各社團聯絡；五、決定本日下午遊行示威路線為：由天安門出發，經過東交民巷、崇文門大街等商業鬧區。

四日下午一時，十三所大專院校的三千多（一說五千多）名學生，齊集在天安門前廣場。北京高等師範學校和匯文大學（即燕京大學前身）最早到，接著是北京法政專門學校、工業專門學校、農業專門學校、醫學專門學校、警官學校、鐵路管理學校、稅務學校、中國大學、民國大學和朝陽大學。北大學生到得最晚，但他們是遊行示威活動的領導角色，北大學生傅斯年為遊行示威隊伍的總指揮。

北大校長蔡元培。傅斯年說：「蔡先生實在代表了兩種偉大的文化，一是中國傳統聖賢之修養，一是法蘭西革命中標揭自由、平等、博愛之理想。」

北大學生遲到的原因是，北京政府教育部和數名軍警到北大校園，勸學生勿參加遊行。蔡元培校長召集學生聆聽教育部官員的勸告，但學生予以拒絕。

步軍統領李長泰和警察總監吳炳湘趕到天安門，勸大家回校，學生峻拒。下午一時半，學生隊伍由天安門南出中華門，向東交民巷各國公使館前進。隊伍前面舉著兩面紅黃藍白黑五色大國旗和一幅諷刺性的大輓聯，上面寫著：「賣國賊曹汝霖、陸宗輿、章宗祥遺臭千古；賣國求榮，早知曹瞞遺種碑無字；傾心媚外，不期章惇餘孽死有頭。北京學界淚輓。」

另一名五四健將、北大學生羅家倫草擬了一篇流傳甚廣的〈北京學界全體宣言〉，這篇擲地有聲的宣言全文如下：「現在日本在萬國和會上要求併吞青島，管理山東一切權利，就要成功了！他們的外交大勝利了！我們的外交大失敗了！山東大勢一去，就是破壞中國的領土！中國的領土破壞，中國就亡了！所以我們學界今天排隊遊行，到各公使館去，要求各國出來維持公理。務望全國工商各界，一律起來，設法開國民大會，外爭主權，內除國賊。中國存亡，就是此舉了！

今與全國同胞立兩條信條道：

中國的土地可以征服不可以斷送！

國亡了，同胞起來呀！」

一九一九年五月四日，三十多名大學生衝出校園，走向北京天安門廣場，以赤子之心喚起民族魂，要求「內除國賊，外抗強權」，也要求民主、科學、自由和人權。波瀾壯闊的五四運動，伴隨著新文化運動，在古老的土地上像春雷初動一樣熾熱地展開。

遊行隊伍給北京民眾留下深刻的印象。很多百姓站在街上，傾聽學生呼喊口號，感動得掉淚；也有不少西方人向學生脫帽致敬。

但隊伍走到東交民巷時，因警察不讓學生進入使館區，交涉無效。學生頗希望美國幫助中國抵抗日本，即派羅家倫、段錫朋、傅斯年和張國燾等四位代表，進入美國使館找公使，但芮恩施公使不在，只好留下說帖。學生另派代表找英、法、意三國公使，因適逢禮拜天，無一人在使館。其時，中國軍警態度蠻橫粗野，不但不許隊伍通過東交民巷，且強迫隊伍退後。三千多名學生在失望和壓力之下，憤怒了。隊伍中突有人大喊：「大家到外交部去，大家到趙家樓曹汝霖家裡去！」

於是學生大隊退出東交民巷，掉轉向北，沿戶部街、東長安街，到東單牌樓和石大人胡同。他們沿路散發了許多傳單。大約在下午四時半左右，隊伍到了離外交部不遠的趙家樓二號曹汝霖住宅。三大賣國賊曹汝霖、章宗祥和陸宗輿，皆為晚清留日學生，民初即參與對日交涉工作，均為著名的親日派。曾參與「西原借款」的曹氏歷任外交部次長、代理財政總長，後為交通總長；章氏曾任大理院院長、司法總長，一九一六年出任駐日公使；陸氏曾任駐日公使、參議員，後為幣製局總裁。

學生大隊在曹宅門口要求曹汝霖親自出來解釋與日本訂密約的原因，四、五十名警衛則忙於驅趕學生。學生大叫「賣國賊出來！賣國賊出來！」並開始丟石頭，五名勇敢的學生跳進圍牆內，把前門打開，學生衝進曹宅。曹氏已逃逸無蹤，憤怒的學生即搗毀汽車，放火燒屋，這就是歷史上有名的「火燒趙家樓」。未料火一燒起來，卻把躲在曹家地下室的章宗祥燒出來了，學生以為他是曹汝霖，即把他痛打一頓，章氏躺在地上裝死。

在整個遊行中，學生和警察都有人掛彩，北大學生郭欽光則不幸死亡（一說被警察打死，一說因疲勞過度嘔血而亡）。三十多名學生在示威中被逮捕，北京各校組聯合會，一致罷課，要求釋放被捕學生，並提出罷免曹、章、陸，拒簽巴黎和約，廢棄濟順、高徐兩鐵路合同等要求。全國各省群起響應，雖窮鄉僻壤之中小學生亦紛紛遊行演講，鼓吹反日及抵制日貨。

五四示威之後，北京政府態度強硬，學生亦不畏縮，學生罷課、商人罷市、工人罷工，朝野形成對峙之局。六月三日，軍警又逮捕百餘學生，均拘禁於北大法科大禮堂，學潮更為擴大。步軍統領王懷慶力主以武力鎮壓，八百名學生被抓。但學生前仆後繼，每日有數千學生上街與軍警對抗。一直到六月八日，北京政府始軟化，所有被捕學生獲釋，北京政府亦不敢在對德和約上簽字。北京學生「雖千萬人，吾往矣」的精神，為近代中國學生運動開創了一個光輝的先河。

傅斯年在五四示威之後五個月，在他和羅家倫、康白情等所創辦的《新潮》雜誌上說：「五四運動過後，中國的社會趨向改變了。有覺悟的添了許多，就是那些不曾自己覺悟的，也被這幾聲霹雷，嚇得清醒。北大的精神大發作，社會上對於北大的空氣大改變。以後是社會改造運動的時代。我們在這個時候，處這個地方，自然造成一種新生命。」

傅斯年又在五四運動廿五週年紀念時，於重慶《大公報》發表了一篇星期論文（一九四四年五月四日），他說：「五四的積極口號是『民主』與『科學』。在這口號中，檢討廿五年的成績，真正可歎得很。」

在二十一世紀的今天，回首中國的「社會改造運動」和「民主與科學」，仍然是「真正可歎得很」！

抗戰年代十大事件

從一九三七年七月七日盧溝橋槍聲到一九四五年八月十五日日寇投降，炎黃子孫在八年浴血抗戰中飽嘗了曠古未有的大災難，但在戰爭的苦煉中也譜成了一首民族團結禦侮的壯烈史詩。

二〇〇五年適值抗戰勝利六十週年紀念，在國史的演進中乃是一個驚天地、泣鬼神的里程碑。六十年前，日本帝國主義者施諸中國的黷武行徑，造成二千四百萬軍民死難的慘劇。在日軍的屠刀和炮火下，國人所備受的骨肉離散與家園破碎的悲劇更是罄竹難書。劇作家田漢寫的《義勇軍進行曲》：「把我們的血肉築成我們新的長城」，道出了中國人民艱苦抗戰的悲壯情景。

長城內外、大江南北，在八年抗戰中發生了無數可歌可泣與可恨可歎的事件，如長沙會戰、平型關與百團大戰、飛虎隊援華、飛越駝峰、打通滇緬公路與湘桂撤退等。然從戰史與新聞史的角度來看，抗戰時期的十大新聞（或稱十大事件）似應為盧溝橋事變、八一三淞滬會戰、南京大屠殺、台兒莊大捷、戰時大撤退、汪精衛政權開鑼、新四軍事件、重慶大隧道慘案、史迪威與蔣介石鬥法以及抗戰勝利。這些事件不僅在當時有新聞性，且具深遠的影響。

一、盧溝橋點燃戰火。一九三七年七月七日晚上十時四十分，北平郊外的盧溝橋突然傳出數聲槍響。正在進行夜間演習的日本支那駐屯軍第一連隊三大隊第八中隊中隊長清水節郎，藉口其部隊在盧溝橋附近演習結束回防時，遭國軍第二十九軍開槍，因而走失一名士兵，並稱遭二十九軍劫持至宛平城，要求入城搜查。宛平縣長王冷齋午夜時分接獲北平市長秦德純電話後，即進行調查，確認日方所稱全屬子虛烏有。

秦德純在〈七七盧溝橋事變經過〉中說：「經我方峻拒後，至翌日拂曉前日方調集其豐台駐軍，向我盧溝橋城進犯；我方為維護領土完整及主權獨立遂奮起應戰，掀起中日全面戰爭之序幕。」當時負責防守宛平縣的是二十九軍（軍長宋哲元）的二一九團（團長吉星文）。七月十七日，蔣介石委員長在廬山發表演說稱：「和平未到絕望時期，絕不放棄和平；犧牲未到最後關頭，絕不輕言犧牲。」中日八年戰爭正式爆發。

二、八一三淞滬會戰。抗戰開始後的第一場大戰即是一九三七年八月十三日的淞滬會戰。當日上午九時十五分，上海北區日軍向國軍開槍，上海市長俞鴻鈞立即電告南京外交部。日軍沿北四川路、江灣路、軍工路一線全面展開攻擊，日艦巨砲亦向上海市中心區猛射，造成極大傷亡，六百萬市民開始生活在炮火中，歷時十週。八十八師五二四團的八百名將士奉命在蘇州河北岸光復路四行倉庫留守，以掩護國軍撤退。五二四團團附謝晉元指揮有方，使閘北數萬主力部隊得以安然退至第二道新防線，八百壯士在旗正飄飄之下英勇作戰。

淞滬會戰雖然失敗，但其最大的意義誠如當時擔任第十五集團軍總司令的陳誠所言：「淞滬一隅已支持約三月之久，使狂妄的日軍不敢再以『三個月亡中國』的眼光來輕視中國。」

三、大屠殺血洗南京。納粹德國以殘殺六百萬猶太人而遺臭萬年，侵華日軍則以屠戮三十萬南京人而永留污名。南京大屠殺是指一九三七年十二月十二日晚上南京陷落起，日軍對中國非武裝民眾所進行的大規模屠殺事件，主兇是日軍第六師團長谷壽夫。澳洲記者田伯烈（H. J. Timperley）所著的《日軍暴行紀實》對大屠殺作了第一手紀錄。美籍華裔女通俗史家張純如

（Iris Chang，二〇〇四年十一月九日因躁鬱症，於加州舉槍自殺，終年三十六歲）一九九七年出版的英文《南京大屠殺》震撼全球，使無數的西方人了解到日本軍人的獸行以及戰後日本政府、民間一再掩飾與否認屠殺罪行的荒謬。

四、台兒莊首奏凱歌。一九三八年三月二十四日至四月六日，中日雙方在台兒莊血戰，日軍傷亡二萬人以上。台兒莊之役不僅是中國抗戰以來的首次大勝，更粉碎了日本的「皇軍不敗論」。史家認為台兒莊大捷的首功應歸於第二集團軍總司令孫連仲將軍（一九九〇年八月十四日病逝台北，享年九十七歲）。

五、萬里跋涉大撤退。戰火所帶來的是動亂、逃難和轉進，整個中國社會的面貌亦為之改觀，尤其是人口大遷徙，沿海工商業內移和高等學府的南遷所形成的大撤退畫面，殆為國史上所僅見。七七事變後，國府資源委員會決定沿海工廠內遷。這種史無前例的大規模遷移行動，使畢生從事平民教育的社會學家、留美博士晏陽初（一九九〇年一月十七日於美國辭世，享年九十六歲）大為感慨。

除了工商業內移，文化、教育和媒體亦紛紛南遷，尤以北大、清華和南開三校所組成的西南聯大，戰時培育無數人才，令西方學者讚佩不已，楊振寧、李政道即為其佼佼者。

六、汪精衛政權南京開場。盧溝橋事變後，中日全面交戰，但和談之路未斷。南京失守前有德國大使陶德曼的調停，南京失守後又有中國外交部官員高宗武、董道寧的試探，然都無具體結果。一九三八年一月，日本近衛內閣發表「不以蔣介石為談判對手」聲明，當時國民黨副總裁兼中央政治會議主席汪精衛，一方面不滿在黨內地位屈居於蔣介石之下，一方面認為抗戰勝利無望，於是在「低調俱樂部」周佛海等人的協助下繼續與日本秘密接觸，決定由汪氏出面主和。

蔣委員長一九三七年七月在廬山
宣布對日抗戰。

一九三八年十二月汪氏離重慶經昆明赴河內，二十九日向國民黨中央發出「艷電」（艷是二十九日的代稱），響應日本近衛內閣「善鄰友好、共同防共、經濟合作」的聲明，主張對日談和，舉世震驚。重慶派遣特務刺殺汪氏，誤殺汪之親信曾仲鳴，汪決定與重慶決裂，一九四〇年春在南京成立偽「國民政府」，成為日本傀儡。一九四四年十一月，汪氏病死日本。

七、新四軍事件國共衝突。對日抗戰促成國共二度合作，中共紅軍在名義上接受國府領導，改編為八路軍和新四軍參加作戰，並曾創下百團大戰及平型關之役的勝利，但共軍實際上仍保持獨立地位，與國軍時生摩擦。新四軍的發展地區在長江下游，其在日軍後方的擴張使國府極感不安。一九四〇年十二月蔣介石下令長江以南的新四軍一律移師黃河以北，新四軍初拒後移，但已過規定期限。一九四一年一月六日，新四軍在安徽南部山區遭第三戰區（司令長官顧祝同）轄下第三十二集團軍（總司令上官雲相）包圍襲擊，激戰八晝夜後，新四軍三千人陣亡，軍長葉挺等四千人被俘，副軍長項英被殺。事件發生後，中外駭然，周恩來在《新華日報》親書「千古奇冤，江南一葉；同室操戈，相煎何急」以示抗議。國共二次合作名存實亡。

八、重慶大隧道慘劇。一九四一年六月五日晚上，日機輪番轟炸戰時陪都重慶，重慶校場口長約兩公里、專供人民躲避空襲的大隧道用鐵門上鎖，躲進隧道的民眾無法離開隧道，因而互相踐踏或窒息，釀成三萬多人死亡。自一九三八年十月四日首批日機空襲重慶至一九四三年八月二十三日，空襲次數多達二百一十八次。

九、史迪威冒犯蔣介石。一九四二年三月，美國派遣能操華語的陸軍將領史迪威（Joe Stiwell）出任美軍駐華指揮官兼中國戰區參謀長，亦即中國戰區統帥蔣介石的參謀長。在史迪威的指揮下，中國遠征軍於一九四二年初至一九四四年底赴緬作戰。但蔣史關係卻日益惡化，在職務上，蔣視史為其幕僚，而史則自認為美國代表，有權控制美援物資，且可制定中國作戰計畫；在政策上，史要求蔣解除對西北中共部隊的封鎖，期使共軍抗日，蔣認為史介入國共之爭，對史不滿；在性格上，史直率坦誠，對蔣尤見輕蔑，稱蔣為「花生米」（小人物之意），而飛虎將軍陳納德忠蔣，與史不和。

一九四四年，日軍發動「一號作戰」攻勢，廣西淪陷，貴州告急，重慶震動，史再度建議起用共軍，遭蔣峻拒，史透過羅斯福總統逼使蔣交出全部中國軍隊指揮權，蔣決心要求羅斯福撤換史迪威。一九四四年十月史離華，由魏德邁繼任，結束了中美戰時關係最不愉快的插曲。

十、苦戰八年終獲勝利。抗戰後期，同盟國作戰計畫原為登陸中國東南沿海或從西南發動反攻，一九四五年八月六日，美軍在日本廣島投擲原子彈，八月八日蘇軍對日宣戰，八月九日美軍再以原子彈炸長崎，八月十日日本御前會議表示願意無條件投降。八月十五日日本天皇廣播「停戰詔書」宣布投降。當天蔣介石向全國軍民同胞發表演說，勉勵國人勿驕勿怠，努力建設，不念舊惡，勿對日人報復。九月九日上午九時九分，侵華日軍最高指揮官岡村寧次在南京向中國陸軍總司令何應欽投降。

抗戰勝利是近百年來中國首次打敗侵略者的戰爭，維護了國家領土與主權的完整和民族的尊嚴。河山再造，功勞與苦勞歸於全體炎黃子孫。

西南聯大輝照史冊

鑽研中國近代史卓然有成的美國學者，有兩位姓「易」，一個是一九九三年辭世、有「國民黨學專家」之稱的前伊利諾大學教授易勞逸（Lloyd E. Eastman）。另一個就是專門研究中國近代學生運動的前維吉尼亞大學教授易社強（John Esrael）。

易社強窮二十餘年之力研究抗戰時代成立於昆明的國立西南聯合大學，幾經波折之後，他的研究成果《聯大：在戰爭與革命中的一所中國大學》，終在一九九九年由史丹福大學出版（原擬由哈佛大學出書，後因技術問題而作罷）。

易社強於一九七三年十一月在台灣做研究時，參加西南聯大校友會的一項活動，並由曾任聯大訓導長的查良釗介紹給校友。其時，易社強已下定決心研究在中國近代學術、文化、教育與政治史上具有相當衝擊作用的西南聯大。一九七四年四月，易社強在紐約參加西南聯大校友會聚餐活動，獲該會贈與「名譽校友」的榮銜。一九八〇年，易氏以交換學者身分前往中國大陸做半年研究；一九八四年十二月到台北進行八個月研究；一九八六年九月再赴北京和昆明做研究。易氏在這期間發表了十二篇與西南聯大有關的論文。

易社強認為由北大、清華和南開等三所中國一流高等學府組成的西南聯大，乃是世界大學教育史上最具莊嚴面貌、神聖任務與浪漫色彩的人才養成所之一。在日軍鐵蹄的侵襲下，北平的北大、清華與天津的南開陸續南遷，一九三七年冬，三校在長沙成立國立長沙臨時大學，並開始上課，然因日寇進逼，長沙臨大決定遷往雲南昆明，一部分師生經廣州、香港搭船至越南轉乘火車入滇，其餘近三百名學生由著名詩人聞一多、不修邊幅的化學家曾昭掄（妻子俞大絪是俞大維之妹）和地質學家袁復禮等教授的領軍，展開六十八天、一千六百公里的徒步跋涉，輾轉至西南大後方建校。一九三八年五月四日開始分別在昆明、蒙自上課。聯大哲學系教授兼文學院院長馮友蘭（過去誤傳是中文系教授羅庸）所作的聯大校歌歌詞，最能道出聯大的堅毅與浪漫：「萬里長征，辭卻了、五朝宮闕。暫駐足、衡山湘水，又成離別。……千秋恥，終當雪。中興業，須人傑，……待驅除仇寇、復神京，還燕碣。」

西南聯大設有文、理、工、法商和師範學院，五個學院中共有二十六個系。自一九三七年十一月長沙臨大開學上課至一九四六年七月西南聯大結束為止，九年期間，先後在聯大執教的有三百四十位正副教授，在校學生約八千，學成畢業的有三千八百人。目前在台灣流行的所謂「教授治校」制度，其實當年西南聯大就已開始「民主治校」，三個大學校長（北大蔣夢麟、清華梅貽琦、南開張伯苓）所組成的常務委員會為最高行政領導機構，實際校務由梅貽琦負責。三校師生遭逢國難，戮力學業，合作無間，故有「南清北合，聯大花開」之美譽。

易社強為使美國知識群眾了解「西南聯大」的意義，特別做了一個比喻。他說，有一天，古巴突然入侵美國東海岸，聯邦政府搬移至科羅拉多州丹佛市，全美陷入戰爭狀態；哈佛、耶魯和賓州史瓦斯摩（Swarthmore）等三所名校被迫遷至新墨西哥州阿巴奎克市，聯合作育英才。易社強最敬佩的是西南聯大師生在日機不斷空襲、生活與學習條件異常惡劣的環境下，猶堅忍不拔、絃歌不輟，為中國培養出一批治學、治人和治事的菁英。由於三餐不得溫飽，梅貽琦夫人和社會學家潘光旦的夫人一起做米糕，每天走十里路到冠生園寄售；聞一多幫人刻圖章以補貼家用，許多學生吃的是沙石鼠屎與米穀混雜的「八寶飯」。林語堂有次路過昆明，目睹西南聯大師生的奮鬥情景，乃讚歎道：「聯大的師生，物質上不得了，精神上了不得！」

然而，在「茅茨土階」的教室內、實驗室和圖書館中，西南聯大匯集了中國最優秀的師資和學子，如文科的馮友蘭、陳寅恪、朱自清、湯用彤、羅常培、葉公超、吳宓、柳無忌、錢鍾書、雷海宗、鄭天挺、向達、吳晗、張蔭麟、賀麟、金岳霖以及理科的周培源、吳有訓、華羅庚、姜立夫、楊武之（楊振寧之父）、陳省身、趙忠堯和吳大猷等人，日後揚名國際的楊振寧、李政道、王浩和許許多多學者、專家，都是「聯大人」。

易社強指出，西南聯大象徵了近代中國學術自由與學術獨立的最高峰；同時，這座素有「民主堡壘」之稱的高等學府，亦標誌了中國自由主義思想與教育的最後防線，這道防線陸續受到國民黨法西斯作風（特務刺殺聞一多）和共產黨教條思想的摧殘。哲學家馮友蘭在〈國立西南聯合大學紀念碑〉中歎道：「聯合大學之終始，豈非一代之盛事，曠百世而難遇者哉！」美國學者易社強為這樁「盛事」，寫出了一部傳世之作。

〔附錄一〕

國立西南聯合大學紀念碑文

馮友蘭

中華民國三十四年九月九日，我國家受日本之降於南京。上距二十六年七月七日盧溝橋之變，為時八年；再上距二十年九月十八日瀋陽之變，為時十四年；再上距清甲午之役，為時五十一年。舉凡五十年間，日本所鯨吞蠶食於我國家者，至是悉備圖籍獻還。全勝之局，秦漢以來所未有也。國立北京大學、國立清華大學原設北平，私立南開大學原設天津。自瀋陽之變，我國家之威權逐漸南移，惟以文化力量與日本爭持於平津，此三校實為其中堅。二十六年平津失守，三校奉命遷於湖南，合組為國立長沙臨時大學。以三校校長蔣夢麟、梅貽琦、張伯苓為常務委員，主持校務。設法、理、工學院於長沙，文學院於南嶽。於十一月一日開始上課。迨京滬失守，武漢震動，臨時大學又奉命遷雲南。師生徒步經貴州，於二十七年四月二十六日抵昆明。旋奉命改名為國立西南聯合大學，設理、工學院於昆明，文、法學院於蒙自，於五月四日開始上課。一學期後，文、法學院亦遷昆明。二十七年增設師範學院。二十九年設分校於四川叙永，一學年後併於本校。昆明本為後方名城，自日軍入安南，陷緬甸，乃成後方重鎮。聯合大學支持其間，先後畢業學生二千餘人，從軍旅者八百餘人。河山既復，日月重光，聯合大學之戰時使命既成，奉命於三十五年五月四日結束。原有三校即將返故居、復舊業。緬維八年支持之苦辛，與夫三校合作之協和，可紀念者蓋有四焉。我國家以世界之古國，居東亞之天府，本應紹漢、唐之遺烈，作並世之先進。將來建國完成，必於世界歷史居獨特之地位。蓋並世列強，雖新而不古；希臘、羅馬，有古而無今。惟我國家，亙古亙今，亦新亦舊，斯所謂周雖舊邦，其命維新者也。曠代之偉業，八年之抗戰，已開其規模，立其基礎。今日之勝利，於我國家有旋乾轉坤之功，而聯合大學之使命與抗戰相終始。此其可紀念者一也。文人相輕，自古而然；昔人之言，今有同慨。三校有不同之歷史，各異之學風，八年之久，合作無間。同無妨異，異不害同；五色交輝，相得益彰；八音合奏，終和且平。此其可紀念者二也。萬物並育而不相害，道並行而不相悖，小德川流，大德敦化，此天地之所以為大。斯雖先民之恆言，實為民主之真諦。聯合大學以其兼容並包之精神，轉移社會一時之風氣，內樹學術自由之規模，外來民主堡壘之稱號；違千夫之諾諾，作一士之諤諤。此其可紀念者三也。稽之往史，我民族若不能立足於中原，偏安江表，稱曰南渡。南渡之人，未有能北返者。晉人南渡其例一也，宋人南渡其例二也，明人南渡其例三也。風景不殊，晉人之深悲；還我河山，宋人之虛願。吾人為第四次之南渡，乃能於不十年間收恢復之全功，庾信不哀江南，杜甫喜收薊北。此其可紀念者四也。聯合大學初定校歌，其辭始嘆南遷流離之苦辛，中頌師生不屈之壯志，終寄最後勝利之期望。校以今日之成功，歷歷不爽，若合符契。聯合大學之終始，豈非一代之盛事，曠百世而難遇者哉！爰就歌辭，勒為歌銘。銘曰：

痛南渡，辭官闕。駐衡湘，又離別。更長征，經嶢嵲。望中原，遍灑血。抵絕徼，繼講說。詩書喪，猶有舌。盡笳吹，情彌切。

千秋恥，終已雪。見仇寇，如烟滅。起朔北，迄南越。視金甌，已無缺。大一統，無傾折。中興業，繼往烈。維三校，兄弟列。為一體，如膠結。同艱難，共歡悅。聯合竟，使命徹。神京復，還燕碣。以此石，象堅節。紀嘉慶，告來哲。

國立西南聯合大學紀念碑。

〈附錄二〉

西南聯大校歌歌詞

馮友蘭／詞

萬里長征，辭卻了、五朝宮闕。暫駐足、衡山湘水，又成離別。絕徼移栽楨幹質，九州遍灑黎元血。盡笳吹、弦誦在山城，情彌切。千秋恥，終當雪。中興業，需人傑。便一城三戶，壯懷難折。多難殷憂新國運，動心忍性希前哲。待驅除仇寇、復神京，還燕碣。

故宮國寶遷台的涵義

台北故宮和北京故宮二〇〇九年年初展開六十年以來的首次正式交流，引起海內外文化界與藝術界的高度矚目，二〇〇九年二月十二日《紐約時報》藝文版更以頭條新聞報導這件涵蓋政治與文化雙重突破意義的大事。

一九四九年，國民黨政府「倉皇辭廟」撤離大陸、轉進台灣時，做了兩項影響深遠的重大決策，一是把二百七十多萬兩黃金、一千五百二十萬枚銀元和一千五百三十多萬美元運至台灣，而使國府能夠在風雨飄搖、內外交困的時代度過難關；二是將二千九百七十二箱故宮國寶以及二千五百三十二箱中央研究院歷史語言研究所藏品、中央圖書館藏書和外交部檔案搶運台灣，建構了國府傳承中華歷史文化的正統性與正當性。

在近代史上，故宮國寶歷經二次大遷移，第一次是抗戰時代南遷四川、貴州以及抗戰勝利後的復員北返；第二次則是大陸變色前夕，國寶渡海赴台。曾任教哈佛、耶魯的前中央研究院副院長、享譽海內外的考古學家張光直，十多年前和加拿大女人類學家海樂・菲勒（Heile Ferrie）進行學術對談時，曾提及他的老師李濟（曾任中研院史語所所長、台大考古學教授，一九七九年八月一日病逝台北，享年八十三歲）把河南安陽出土文物帶到台灣的往事，亦提到國府抗戰初起，「把所有國家藝術珍品打包，運到重慶，包括異常薄脆的康熙瓷器在內，幾乎沒有打破。」

已於二〇〇一年辭世的張光直認為，蔣介石把古物南遷「是因為古代藝術珍品使政權合法化。帶有動物修飾的九鼎，傳說是夏代大禹所鑄造的。它們顯示了皇帝權力的開始。」張氏又說：「我認為中國王朝從一開始即通過祖先的藝術珍品使其合法化。製造這些銅器最初的目的自然是使統治者和祖先相通，但是，它們後來成為統治者權力與合法性的象徵。」

曾服務故宮七十餘年的那志良（一九九八年辭世），對故宮國寶的抗戰南遷和遷移台灣最為熟悉，他也是親自參與國寶運送的專家。一九四八年十一月六日淮海戰役（國府稱為徐蚌會戰）開打後，國內情勢緊張、人心惶惶。故宮博物院理事會有人認為應關切古物安全問題，但理事長翁文灝反對古物遷台。最後在翁宅開會討論，與會人士王世杰、朱家驊、傅斯年、徐森玉、李濟和杭立武等理事一致主張古物遷台，翁文灝（曾任行政院院長，後投共，一九七一年一月二十七日於北京去世，享年八十二歲）只得同意。

故宮國寶二千九百七十二箱從一九四七年十二月下旬至一九四九年元月下旬分三批運台，由能幹的杭立武（後為教育部長、駐泰大使，一九九一年二月二十六日台北辭世，享年八十八歲）負責，史語所藏品運至桃園楊梅，故宮文物先運到台中糖廠，一九五〇年運到台中霧峰北溝，六〇年代中再搬到台北外雙溪故宮博物院。故宮國寶不僅象徵了中華文化的香火延續至台灣，使中華民國政府的存在擁有正統性質，更是台灣發展國際觀光事業的最大吸引力。大陸遊客訪台，故宮成為最具號召力的景點。

故宮珍品象徵歷史傳承

第一批運台文物共計七百七十二箱（涉及單位包括故宮博物院、中央博物館、中央圖書館、中研院和外交部）。一九四八年十二月二十一日在南京下關裝船，海軍總司令桂永清調派「中鼎輪」裝運，當天文物裝船時，卻出現一批海軍眷屬搶著要上船，故宮方面只好請求桂永清親自到船上勸導他們應以國家文物為重，他們才悻悻下船。「中鼎輪」於十二月二十二日開船，十二月二十六日抵達基隆。那志良說：「海軍司令又託這個船長帶了一條大狗，狗也不能適應這個環境，一直在吠叫不止，使人感覺到這是不是世界的末日到了？」押運第一批文物的領隊是考古學家李濟，這批文物經火車運至桃園縣楊梅鎮倉庫儲存。

第二批運台文物，有三千四百八十四箱，海軍未派船，改由招商局派「海滬輪」裝運，四九年一月六日由南京下關啟運，一月九日到達基隆。船一靠岸，大批小販搶著賣香蕉。隨船的那志良說：「有人問：我們出來前，不是有人告訴我們，台灣苦極了，只能吃香蕉皮，為什麼反而是這樣便宜呢？」除中研院文物，其他文物皆運至台中倉庫。

第三批運台文物由海軍調派「崑崙號」裝運，開船前又出現大批海軍眷屬搶著登船。桂永清又親自上船勸導大家下船。那志良說：「這一次，與第一批的情形不同了，時局已十分緊張，大家都搶著逃難的心情，登上了船，就不肯下去，看到總司令來到，男女老少，放聲大哭，他看到這些人，都是追隨自己多年老部下的眷屬，哭得如此可憐，看著他們黯然無語。停了一會，他諭令船長，把船上所有官員臥艙開放，盡量容納這些人。文物分別送到艙中、甲板、餐廳及醫務室等。」由於海軍眷屬占了空位，導致七百二十八箱故宮國寶和二十八箱中央圖書館圖籍未能上船，只運走一千二百四十八箱。一九四九年一月三十日開船，因開往上海修船，又繞經定海、馬尾，二月二十二日始抵基隆。

三批文物運台後，中研院文物全留在楊梅，其餘都運至台中糖廠倉庫。後來，外交檔案亦由外交部提走。故宮文物總共二千九百七十二箱，一九五〇年四月中旬開始運至台中縣霧峰鄉吉峰村北溝山麓庫房庋藏。一九五七年在北溝興建陳列室，開始對外公開展覽。由於北溝山區濕氣太重，庫房常出現漏水、滲水現象，會損壞文物，長此下去，總非上策。於是決定在台北市郊外雙溪選址建館，六四年三月開工興建，六五年十月，蔣介石到新館視察，建議博物館定名為「中山博物院」。結果故宮博物院與中山博物院兩個名稱混淆不清，公共汽車路線圖有的標名故宮，有的寫中山，亂七八糟。今天已無人再稱故宮為「中山博物院」了。

那志良說：「運台文物的箱數，與（抗戰時代）南遷箱數相比，以數量計，自然是僅有南遷的四分之一；但是若以質計，則南遷文物中精華，大都已運來台灣了。」那氏指出：「這些國寶，是幾千年來的文化結晶，毀掉一件就少一件。國亡還有復興之望，文化一亡便永無復國之望了。」故宮國寶能夠在台灣受到良好的保護與上乘的管理，不僅是國寶之福，更是中華文化之幸。北京故宮博物院院長鄭欣淼數年前曾透露，中共建政後，北京故宮因「代表封建意識」，曾三度面臨被拆除的命運，連擔任北京市副市長的史學家吳晗亦昧著良心贊成故宮改建。

從五〇年代到六〇年代中，三次提議拆除故宮的計畫，包括把故宮改建成群眾休憩場所或娛樂場所；文革時代曾出現「火燒紫禁城，砸爛故宮」的口號。其實，早在一九二八年六月國民革命軍北伐成功以後，國府委員、浙江教育家經亨頤（即廖承志的岳父）便曾在國府會議中提出「廢除故宮博物院」的提議，他說：「與其稱故宮，不如稱廢宮。……皇帝物品為什麼要重視？按我的理想，皇宮不過是天字第一號逆產就是了，逆產應該拍賣，將拍賣所得大宗款項，可以在首都造一所中央博物館……。」所幸經亨頤的胡言亂語，未被理睬。

六十多年來，中國大陸不知有多少珍貴文物被破壞、多少文獻古籍遭損毀、多少古墓被盜掘！建築史家梁思成希望以「整舊如舊」的方式修復和整理古建築，結果是大拆特拆，並以庸俗化和商業化的做法整修古代文物。在金錢掛帥和文化沉淪的今天，北京老胡同與四合院急速消失，再過十年、二十年，神州大陸也許只剩下一堆偽歷史的古蹟與文物！

在許許多多論述國府遷台的中英文著作裡，很少人提到故宮國寶運台的意義。從一個宏觀的角度來看，這批國寶隨同國府撤台，真正象徵了不少深具政治意義與歷史傳承的符號。也就是說，這批中國歷史與文化的瑰寶到了台灣，一方面突顯了中華民族與文化在台灣的綿延與發展，另一方面則是昭告全世界中華民國統治台灣的正統性與正當性。

前些年，義大利政府一直向紐約大都會博物館和洛杉磯蓋提（Getty）博物館追討走私文物，這兩家博物館都認錯，並已把一批文物歸還義大利。當年那志良、莊尚嚴等人負責押運故宮國寶到台灣，可謂功同再造河山。

古寧頭大捷扭轉台海情勢

中外史家幾乎一致公認，國民黨政府於一九四九年敗退至台灣後，兩件扭轉局勢的大事使台灣走出風雨飄搖的逆境，從此轉危為安。第一件大事為一九四九年十月二十五日至二十七日的金門古寧頭戰役，國軍痛擊來犯共軍，而獲得國共內戰後期最具關鍵性的一場勝利，國府稱之為「古寧頭大捷」。第二件大事為一九五〇年六月二十五日北韓軍隊貿然衝過三十八度線侵略南韓，韓戰爆發。美國總統杜魯門宣布台灣海峽中立化，派遣第七艦隊巡弋台海以阻止國軍反攻大陸、共軍進犯台灣。蔣介石領導下的台澎金馬得以勵精圖治，成為「海上長城」。

從一九四八年下半年開始，國共內戰態勢呈現重大變化，共軍所向披靡，國軍節節慘敗，尤以遼瀋（東北會戰）、淮海（徐蚌會戰）和平津（平津保衛戰）等三大戰役，注定了國民黨政府在軍事上的土崩魚爛局面。一九四九年夏秋，國府二、三百萬軍民陸續遷台，中共名將陳毅所轄的第三野戰軍（原華東野戰軍）渡江南進，一舉奪下南京、上海、浙江和福建；黃埔四期的林彪率其第四野戰軍，從大陸東北角直趨兩廣，又占海南島。軍人出身的台灣軍事史家王禹廷在《胡璉評傳》中不得不嘆道：「此一由北到南，橫越大陸的長程遠征，算是曠古無例，首開紀錄。在中國歷史上，從來沒有任何一個朝代，任何一股勢力，在神州大陸的全境之內，擴展得那麼神速，那麼普遍，那麼深入。」

共軍在戰略及戰術上太輕敵

一九四九年十月十七日，三野第十兵團攻占廈門，準備渡海奪取近在咫尺的金門。從中共黨中央到三野十兵團，「堅決打金門，渡海攻台灣」的口號響徹雲霄，解放軍意氣風發。一九四九年十月，第十兵團司令員葉飛（生於菲律賓）在泉州召開的兵團會議上誇下海口說：「此役必勝！」葉飛宴請廈門地方領袖時用筷子指著桌上的一道菜說：「金門就是這盤中的一塊肉，想什麼時候夾就什麼時候夾，跑不了！」眾人聽了又服氣又興奮。葉飛把進攻金門的任務交予第十兵團（共轄二十八、二十九、三十一等三個軍）的第二十八軍，並由副軍長蕭鋒負責指揮。據前中國國家主席李先念的女婿、前中共解放軍空軍副政委劉亞洲在〈金門戰役檢討〉長文中表示：「我一直認為，葉飛選擇二十八軍打金門是犯了不可挽回的錯誤。理由一，在十兵團中，二十八軍善守不善攻，甚少攻堅任務，多是打阻擊戰；理由二，二十八軍軍長朱紹清在上海治病，政委陳美藻治理福州，參謀長也不在位，軍中只有副軍長蕭鋒一人，既當爹又當娘，做此決定仍然是出於葉飛的輕敵。葉飛對蕭鋒說：看來大陸再也不會有什麼大仗打了，你們二十八軍就掃個尾吧！」劉亞洲說：「葉飛主要是在戰略上輕視敵人，蕭鋒則在戰略上和戰術上統統輕敵。」

由於國軍在內戰期間每每不堪一擊，乃養成共軍輕敵和驕兵姿態，但共軍的致命傷卻是全然低估與錯估國府死守金門的決心。國府敗退大陸之際，蔣介石曾延攬一批日本軍人改名換姓（取中國姓名）秘密出任國軍顧問。曾當過日軍北支那方面軍司令官兼蒙軍中將司令官的根本博（化名林保源）曾向國府福州綏靖公署代主任湯恩伯（一九五四年六月二十九日病逝日本，終年五十五歲）建議，把國軍撤至浙閩沿海的舟山群島、一江山、大陳列島和金門、馬祖，以拉長與共軍的對峙空間，藉以保障台澎，並伺機反攻，而一向欣賞日軍的蔣介石亦深以為然。在這群浙閩沿海小島中，尤以金門的戰略價值最高。蔣經國在《危急存亡之秋》一九四九年十月二十二日的日記中寫道：「金門島離匪軍大陸陣地，不過一衣帶水，國軍退守此地之後，父親以其對軍事和政治，均具極大意義，必須防守。因於午間急電駐守該陣地作戰之湯恩伯將軍，告以『金門不能再失，必須就地督戰，負責盡職，不能請辭易將。』此所謂『置之死地而後生也』。」

湯恩伯其時雖是防衛金門的最高長官，但因在內戰連連失利，已變成「光棍司令」。當時握有實權的東南軍政長官陳誠在廈門易手後，立即變更部署，下令十二兵團司令胡璉（字伯玉，原為舟山防衛司令官，一九七七年六月二十二日辭世台北，終年六十九歲）改任金門防衛司令官。胡璉於古寧頭戰役前一日（十月二十四日）夜間由基隆搭輪赴金，二十五日下午船到金門，因風浪太大未能上陸。二十六日上午胡璉到達湯恩伯總部進行交接，由東南軍政副長官羅卓英布達監交。

金門防務由第二十二兵團負責，原定作戰計畫將全島劃分為東、西兩個守備區，東守備區指揮官是十八軍軍長高魁元，轄十一、二十八師；西守備區指揮官為二十五軍軍長沈向奎，轄四十、四十五、二〇一等三個師。四九年六月以前，金門還是一個不設防的小島，沒有國軍正規軍；但在一九四九年十月下旬，已駐防約兩萬五千國軍部隊（中共宣稱金門有六萬國軍）。進攻金門的共軍有三個師（六個步兵團）約九千人（據國府俘獲共軍資料，實際登陸人數為一萬零四十四人）。一九四九年十月二十五日清晨三時，共軍大舉渡海進攻金門，突破後沙、壟口、古寧頭一帶防線，二十二兵團司令官李良榮下令一一八師及戰車（坦克）部隊實施反擊，並由十八軍軍長高魁元負責指揮。原擔任海岸防務的二〇一師及陸續馳援參戰的十九軍之十四師和十八師，均由高氏統一指揮。

中共二十八軍副軍長蕭鋒使用屬於不同建制的部隊攻金，劉亞洲痛批說：「很長一段時間我始終不明白蕭鋒怎麼排了這麼古怪的陣容，不像是啃骨頭，倒像是喝稀粥。」王禹廷則說：「此等雜湊的部隊，在作戰行動上本難協調齊一，必須賴強有力的統一指揮，才能收運用適切之效。而在登陸的共軍中，竟無一個師長以上的高級指揮官同來（戰後僅俘獲共軍團長五名）。於是登陸之後，便形成莽衝亂撞，各自混戰的現象……。共軍第一梯次船團登陸後，其所用船隻，多數因退潮關係，未能即時回航，被我軍全數焚毀。對岸共軍缺乏渡海工具，無法繼續大量增援，遂使在金門作困獸之鬥的共軍，歸於消滅。」十月二十七日清晨一時，戰事結束。據比較準確的估計，共軍將近四千人戰死，被俘五千多人。國軍陣亡一千二百多人，負傷一千九百餘人。國軍第十四師四十二團中校團長李光前勇戰犧牲，為國軍捐軀之最高階軍官，金門人為感念其英烈，特建廟崇祀，尊為「將軍」。

失利的九大原因

張茂勛、叢樂天、邢志遠在二〇〇三年一月號的《百年潮》雜誌上發表〈金門失利原因何在？〉文章，張、叢當年原為共軍攻金部隊政治機關幹部，「因船少未能過海而得以倖存」。他們說：「我人民解放軍……冒著敵人的炮火，在蔣軍盤踞的大金門島搶灘登陸，與蔣軍激戰三天，終因後援不繼，寡不敵眾，近九千人民子弟兵無一倖還，這是解放戰爭中我軍最大的一次損失，是我軍戰史上十分慘痛的一頁。」他們認為金門戰役共軍失利原因在於：一、蔣軍輕廈重金，共軍重廈輕金；二、蔣軍一再增援金門，共軍情報工作一誤再誤；三、渡海無船寸步難行，共軍僅有運三個團的船就貿然開戰；四、潮起潮落有周期，共軍渡海忽視規律；五、確知敵情有變，共軍仍堅持原作戰計畫不變；六、敵我兵力懸殊；七、共軍福建前線指揮部輕敵急躁；八、登陸部隊建制混亂，難以統一指揮。劉亞洲則認為共軍戰敗之因在於：一、主帥輕敵；二、全軍輕敵；三、渡海工具不當，福建人民畏懼中共，以致「民船不可靠，民心不可用」；四、國軍二十二兵團司令官李良榮做好作戰準備；五、胡璉的十二兵團是金門戰役中的「神風」，這股「神風」把共軍登陸部隊推上絕境；六、葉飛心存幻想和僥倖；七、胡璉發「假電報」（請求蔣介石把他撤回台灣），共軍上當；八、國軍擁有二十二輛坦克，並派飛機炸射共軍；九、胡璉治軍有方，恩威並重，頗得部下死力。

湯恩伯和胡璉都曾先後指揮過古寧頭戰役，而真正在戰場第一線指揮戰鬥的則是十八軍軍長高魁元（黃埔四期，因戰功彪炳，後歷任陸軍總司令、參謀總長、國防部長，二〇一二年五月七日病逝台北，享年一〇五歲）。上世紀七〇年代，台灣軍方與民間史學界曾為湯、胡在古寧頭大捷的功勞問題進行激辯。一般而論，胡功大於湯，胡於十月二十六日上午十時到達湯恩伯總部時，接到正在前線指揮作戰的高魁元的電話報告說：「戰事仍在激烈進行中。」胡璉即馳往湖南高地前線（高魁元即在此）親自指揮。胡璉於五〇年代末期再度出任金門防衛司令官，碰上一九五八年的「八二三砲戰」。嗜讀史籍的胡璉，自軍職（陸軍副總司令）、公職（駐越南大使）退休後曾到台灣大學歷史研究所旁聽進修三年。一九七七年辭世，海葬金門水域；金門中央公路稱為「伯玉路」，並於二〇〇九年十月興建胡璉紀念園區，以感念這位「恩主公」。

哈佛大學東亞系講座教授宋怡明（Micheal Szonyi）二〇〇八年以歷史學、社會學和軍事學的角度寫了一部極有價值的英文學術著作《冷戰島嶼——金門前線》（*Cold War Island—Quemoy on the Front Line*），對金門的歷史、地位、風俗和價值做了全方位的介紹與分析，彌補了中文著作的闕如。宋怡明認為國府文獻對胡璉太過歌功頌德，「彷彿古寧頭戰役是他一個人的功勞」。有些戰史家認為，湯恩伯、胡璉、李良榮和高魁元等四位將領都有同等戰功。參與古寧頭戰役的近九千名共軍，其實大部分是內戰中被俘的國軍，他們被迫換了主子，亦換了制服。在金門被俘的約五千名共軍，其中三千多人志願返回大陸，國府即於一九五二年用漁船把他們分批遣返大陸。這三千餘人回到大陸後慘遭迫害，一律被開除黨籍、軍籍，送回老家種地，有些人更被定為叛徒，文革遭遇更慘。他們說：「苦戰三天，受苦三十年。」

一九八九年古寧頭戰役四十週年，葉飛在廈門雲頂巖遠眺金門，突下大雨，白髮蒼蒼的老軍頭拒絕避雨，在大雨中兩手微顫。葉飛於一九九九年去世，終年八十五歲。共軍在金門戰役中犯了太多不該犯的錯誤，終致全軍覆沒。古寧頭之役在歷次國共內戰中只能算是小規模的衝突，戰鬥時間短，雙方兵力亦不多，但它卻是一場真正改變歷史的戰役。

五〇年代的香港「第三勢力」

從一九四九年十月毛澤東宣布建國到一九五〇年六月韓戰爆發，亞太地區發生了空前巨變。在這歷史性變化的時刻，香港不僅成為大批神州避秦之士的避風港，亦變成反共又反蔣的海外華人「第三勢力」與美國中情局特工活躍之地。

八方風雨會香江！早在一九四八年下半年國軍在內戰中節節敗退之際，即有一批政治人物、國民黨高層人士、報人、資本家、國軍將領和一群「請纓無門、殺敵無力」的知識分子流亡香港。他們在蕞爾小島上眼看「金陵王氣黯然收」；他們在英國殖民地上暫時棲身，旁觀時代浪潮的滔天翻滾。在這批「高級難民」中，不乏赫赫有名的人物，他們也許已被時代所淘汰，但他們仍有一些「剩餘價值」，在海內外仍具號召力量；國民黨和共產黨競相爭取他們，連美國也在向他們招手。於是，中國現代史上最奇特的一次政治運動就在英國皇冠上的「東方之珠」開鑼了。

這次政治運動即是所謂「第三勢力」運動。抗戰勝利後國民黨召開的政治協商會議（俗稱「舊政協」）及其後的國共和談中，青年黨、民社黨、無黨無派的社會賢達和一些小黨派在當時即被稱為第三勢力（其中包括作家章詒和的父親章伯鈞）。民社黨領袖張君勱（張嘉森，詩人徐志摩元配張幼儀之兄）在一九五二年出版的英文著作《中國的第三勢力》（*The Third Force in China*）中指出：「第三勢力乃是因應中國政治與社會的需要和情況而產生……是一種新興的政治與社會運動。」中共席捲大陸後，一批第三勢力人士選擇了共產黨（包括章伯鈞、羅隆基等人），他們認為那是中國的希望。另一批第三勢力則既不願留在大陸充當中共的應聲蟲，亦拒絕追隨蔣介石偏安台灣；他們流落海外，在美國、日本、澳洲和中南美洲一帶都有他們的足跡，香港則是他們的大本營。

美國是幕後主導者

反共亦反蔣的第三勢力人士試圖在國共鬥爭的夾縫中另起爐灶，以延續和壯大中國政治傳統中最脆弱的一環——在野反對力量。香港第三勢力與當年重慶、南京時代不同的是，過去不敢公開反蔣的人，現在都現身亮相了。組成分子也更加複雜。最重要的是，香港第三勢力運動的興起與沒落，美國政府始終是幕後的主導者。換言之，海外第三勢力運動乃係當年美國對華政策的副產品；因此，第三勢力的命運即必須以華府的中國政策為依歸，以國務院和中情局主事者的意志為意志。這種「仰人鼻息」的政治運動，其結局當然也是可以逆料的。

韓戰爆發後，海外第三勢力即以各種不同形式、面貌大肆活動，直至六〇年代末、七〇年代初才煙消雲散，中情局和東京麥帥總部都曾出錢。這些組織包括自由民主大同盟、自由中國運動、自由中國抵抗運動大聯盟、中國民主反共聯盟、中國自由民主戰鬥同盟、民主中國座談會和自由中國民主政團同盟等。

曾任大陸政協副主席的程思遠（已故香港影星林黛之父）在回憶錄《政海秘辛》中說：「（一九四九年）八月四日，美國國務院發表了《中美關係白皮書》，對國民黨政府採取袖手旁觀政策。一時組織『第三勢力』的呼聲，甚囂塵上。頗負時望的顧孟餘忽於八月十五日應李宗仁之邀，從香港來到廣州，住沙面陳伯莊家，就組織第三勢力問題，與美使館顧問何義均、立法院長童冠賢、總統府秘書長邱昌渭等反覆交換意見，並將可能採取的方案提供李宗仁考慮，結果李宗仁主張：由顧孟餘出面領導，而由他從旁予以支持，並指定我負責居中連繫。這樣，我就往返於港澳、廣州之間，為這個所謂『第三勢力』組織籌措經費、布置人事。」程思遠說他自己並不清楚「什麼是第三勢力」，乃問國府代總統李宗仁，李氏回答說：「事情是這樣的：一次，美使館公使銜代辦路易士·克拉克由何義均陪同來迎賓館，談到美國戰後的對外政策，在歐洲原以馬歇爾計劃為核心，在亞洲則以援助蔣介石為支柱。前者是成功的，而後者卻失敗了；因為蔣介石政府貪污無能，究竟扶不起來。說到這裏，克拉克喟然嘆曰：『中國只有共產黨的勢力和蔣介石的勢力，卻沒有一個介乎兩者之間的第三勢力，難道地大人多的中國沒有主張自由民主的中間分子麼？』克拉克的意思是十分明顯的，大有贊助第三勢力的味道。以後經過童冠賢、何義均、顧孟餘一系列的接觸，就為這個運動積極推動了起來了。」

顧孟餘為浙江上虞人，留學過德國，早年曾加入同盟會，一生亦學亦官。歷任北大教務長、廣東大學和中央大學校長、國民黨宣傳部長、鐵道部長、交通部長；一九四八年五月翁文灝組閣時，曾被任命為行政院副院長，但未上任。顧氏在香港第三勢力運動初期，表現得最積極、最活躍，同時也是最具聲望的人。顧孟餘在廣州與李宗仁長談三日，答允出面領導「自由民主同盟」（原為立法院「自由民主社」）；「鐵軍」名將張發奎和廣東省主席薛岳亦頗熱中，並建議把組織易名為「自由民主大同盟」。一九四九年九月初，大同盟於廣州秘密舉行第一次會議，選出顧孟餘為主席，童冠賢、程思遠、邱昌渭、黃宇人、甘家馨、李永懋、尹述賢等為幹事，並推童冠賢為書記、程思遠為副書記。李宗仁捐了二十萬港幣，另補助顧孟餘三萬港幣（一年後又給顧六千美元），大同盟中的幹事、組長每人五千港幣。程思遠說：「這些錢都（是）在中央銀行總裁劉攻芸於離職時撥給李宗仁的一筆專款項內開支的。」

以桂系為主

以桂系為主的「自由民主大同盟」，一開始即出現問題。大同盟幹事兼組織組長尹述賢帶了五千港幣到香港籌設辦事處，自己卻先在九龍頂了一層樓當寓所而引起公憤，即被大同盟除名。與前北大代校長及前台大校長傅斯年同稱「中國兩大砲」的國民黨立法委員黃宇人（黃埔四期）在回憶錄《我的小故事》中說：「香港辦事處既未成立，顧孟餘在首次會議後，仍回香港，住處不公開，童冠賢時而澳門，時而香港，很少在廣州。同盟沒有固定的辦事處，又無定期的會議，盟員想找負責人，很難一見……於是，這個組織即陷於若有若無之狀。」

黃宇人力主大同盟必須和桂系撇清關係，與桂系分手，否則大同盟將無所作為。黃氏說：「我認為國民黨的失敗，主要由於自私和無知，而尤以無知為甚……現在李先生代理總統，就他個人來說，平易近人，沒有蔣先生那種自以為神聖的態度……但就這幾個月的事實表現，他對當前的危局毫無辦法，不但不能轉敗為勝，即想守住西南半壁亦不可能；桂系的人也多只顧爭權奪利，不顧政府的安危，大局必將每下愈況。我們如果對李先生尚存希望，無異是自掘墳墓。」

黃氏建議利用李宗仁所補助的經費在香港辦一所中學和一份雜誌，「一方面培育下一代的人，一方面潛心研究重建國家的各種基本問題。」然而，大同盟出版的刊物《大道》，出了三期之後即宣告停刊。

一九五〇年一月十七日，美國國務院巡迴大使翟士普（Philip Jessup，即《中美關係白皮書》

總編纂）自台北飛抵香港，指示美國總領事館設法支持海外華人第三勢力組織。翟士普在港曾與第三勢力人士接觸，大同盟盟員、前清華大學教授張純明（後出任國府駐紐約總領事，曾英譯日文《蔣總統秘錄》）為顧孟餘草擬了一份英文說帖，當作和翟士普會談的參考。《大道》停刊後，黃宇人、程思遠、甘家馨和涂公遂等人籌辦了《獨立論壇》，於一九五〇年四月一日發刊，不久又因內部分裂而停刊。第三勢力人士的唯一武器是筆桿，丁文淵、左舜生等人都辦有刊物，左氏的《自由陣線》由謝澄平主持，胡越（司馬長風）、許冠三、陳濯生擔任編輯，刊物停了又出。在謝澄平的提議下，他們邀約張國燾、董時進、程思遠、伍藻池、羅夢冊、黃如今等人在黃宇人寓所定期聚會，大家商議應該成立一個真正的第三勢力組織，幾經討論乃組成「民主中國」。

「民主中國」成立時，第三勢力陣營突傳出顧孟餘和張發奎已經以代表香港民主反共人士的身份，與美國有關方面接洽妥當，將獲大量美援，並在海外設立基地、組織政團、訓練軍隊，甚至成立流亡政府。除顧、張之外，列名的有李璜、童冠賢、張國燾、伍憲子、上官雲相、彭昭賢、宣鐵吾、徐僴明等人。左舜生原亦列名其中，但遭同屬青年黨的李璜反對。李說：「左舜生多話，不能守秘密，青年黨由他一人代表即可。」據黃宇人說，這個第三勢力的最高組織，乃是由美國駐港總領事館政治部主任授意下成立，由顧孟餘、童冠賢、何魯之、謝澄平與政治部主任接頭。其後，顧等四人與張國燾秘密成立了一個委員會，定名為Steering Committee，最初譯為指導委員會，後經顧孟餘改為調度委員會，其宗旨在於策動留港中國民主反共人士的聯合運動。

老將領張發奎對組織第三勢力熱心異常，在中國出生的美國傳教士之子、廣州嶺南大學校長香雅各（Dr. James McClure Henry）亦曾鼓吹張氏發展第三勢力。張氏原擬加入「自由民主大同盟」，但因童冠賢、黃宇人反對吸收軍人而作罷。程思遠說他曾在張發奎的香港藍塘道寓所參加一項座談會，李璜在會中透露，青年黨的老朋友趙友松（曾任吳佩孚秘書長、汪精衛政府教育部長）已在東京和麥克阿瑟將軍取得聯繫，麥帥希望香港民主反共人士團結起來，在華南舉事，牽制中共，東京盟總可予支持。後來張發奎派程思遠秘密走訪日本，麥帥總部卻賞以閉門羹。但美國方面仍繼續和張氏接觸，由哈德曼其人負責聯絡，並稱第三勢力可在菲律賓的一個小島作基地，島上有營房和基地設備，可容數千人，要張氏先派三百人去進行籌備工作，但沒有下文。後來，第三勢力曾派員到沖繩受訓。

美國人的老觀念認為除了張發奎之外，另一名廣東老將也有號召力，此公即是蔣介石的老長官許崇智。許氏已失勢多年，早已與政治脫節，受到美國人的慫恿即興致勃勃地召開座談會，但在張發奎的杯葛下，許氏到處碰壁，只好怏怏收山。

台灣當局向美方抗議

顧孟餘的「調度委員會」決定出版《中國之聲》雜誌，刊物面世不久，即傳出「調度委員會」高級成員伍憲子秘密潛赴台灣、被國民黨收買情事。第三勢力等人並不知道伍憲子赴台，而是美方人員質問張發奎：「伍憲子去台灣幹什麼？」黃宇人說，美方雖未要求第三勢力反蔣，但他們希望第三勢力獨立行事，勿與台灣有任何關係。伍憲子是康有為、梁啟超時代的老保皇黨，曾組織民憲黨（後與張君勱的國社黨合併為民社黨），二〇年代主持過舊金山《世界日報》筆政多年。

張發奎、顧孟餘對伍憲子的「背叛」深惡痛絕，乃在《中國之聲》上撰文痛批蔣介石是個

「毒瘤」，應該割去。伍憲子事件發生後，台灣當局曾向美方提出抗議，對華府支持第三勢力表示不滿。張發奎一直想把第三勢力發展成一個正式組織，不斷催促顧孟餘、童冠賢、張國燾、黃宇人、上官雲相、彭昭賢和李微塵等人起草組織法。正在起草之際，香港政府政治部突請顧孟餘去談話，問他是否在香港搞政治活動？是否常去張發奎住宅開會？顧皆否認。政治部的英國官員警告他說：「倘若你再在香港進行政治活動，我們將把你驅逐出境。」從此，顧即與張發奎等人疏遠，張氏對黃宇人說：「顧孟餘早年在汪精衛的改組派中，即有『取消派』之名，因為有很多事由他去辦，都是大事變為小事，小事變為沒有。」

不久，顧孟餘移居日本，另創「自由民主戰鬥同盟」。但這批第三勢力領袖們脫不掉中國人「勇於內鬥」的惡習，顧排斥張發奎和張君勱，張國燾與甘家馨亦被逐出同盟。戰鬥同盟在香港招兵買馬，結果招到了一批台灣特務。顧孟餘首先退出同盟，並離日赴美，卜居北加州柏克萊，擔任國務院中國研究中心及加州大學中國問題研究所顧問。哥倫比亞大學曾請其作口述歷史，但未應允。一九六九年七月，國府派農業專家張研田（曾任台大農學院院長）專程赴美迎接顧氏返台定居。蔣介石聘顧為總統府資政，顧於一九七三年六月病逝，終年八十五歲。中共創黨人之一的張國燾亦獲中情局外圍組織亞洲基金會之助撰寫回憶錄，稿酬六萬美元。張氏後移民加拿大，一九七九年十二月凍斃於多倫多老人病院。

遠在美國潛心著述的張君勱一向關切香港第三勢力的發展，不時去函鼓勵他們必須團結一致，有組織才能有所作為，若再一盤散沙下去，殊無前途可言。於是，張發奎、黃宇人、左舜生等人決定出版《聯合評論》，並發行紐約航空版。據黃宇人回憶，《聯合評論》紐約航空版發行後，即成了美國華僑社會的輿論中心；台灣雖不准進口，仍有不少人想盡辦法以求一睹為快；中共亦將其列為內部參考材料；美國駐港總領事館常翻譯該刊社論。《聯合評論》出版六年（一九五八至一九六四）後停刊。毫不氣餒的黃宇人又鼓起勇氣出版《民主論壇》，僅辦了兩年即於一九六七年關門。張發奎自辦了南亞書局和嘉華印刷廠，並曾一度與黃宇人合作成立興中出版社。美方支持的第三勢力，唯一有具體成果的是陳濯生、司馬長風、許冠三和徐東濱等人組成的友聯研究所和友聯出版社。這兩個機構所蒐集的中共資料以及對中國大陸的研究，在學界與政界頗受重視。

李璜批美亂撒美鈔

一九九一年以九十七歲高齡病逝台北的李璜在《學鈍室回憶錄》（下冊）中說：「美國人為反共而特別重視大陸逃出之文化界人士，（但）不善於扶助，而亂給鈔票；便因美金過量之故，而若干本有朝氣且認真工作之研究及出版社機構，分心騖外，反而墮落下來，大可太息。」李璜最不齒的是第三勢力中的軍政界人物，他說：「此類人物，或曾任軍師長以至總司令；或曾任黨官多年，縣長、委員以至省主席與中央院長者；或為策士型，習於奔走串連，製造風雲；或為部屬型，以依傍為活，尚思擁戴其舊主復起。諸如此類，一時聚於港九，雖衣食無缺，甚至擁有資財，然而不甘寂寞，聚議紛紛。」李璜痛心地說：「美國人竟派遣兩三浮薄少年前來……亂散美鈔，或三五萬，或十萬八萬，並無整個（套）計劃，而姑以試試看的心情，令一些手中已無寸鐵之過時人物，為之入大陸覓情報，或打游擊；美鈔這樣花法，只有被騙而大鬧笑話。因是傳聞有劉震寰騙得六萬美元，聲言拿去廣東打游擊，而本人坐在九龍新界未動，於是有『在深圳打游擊』的笑話流傳。又有許崇智在石塘嘴開廳大宴群『雄』，酒酣耳熱，一面高談其反共大有辦法，一面命女招待為之撫腿……。此外尚有妄人蔡文治，聞曾任國防部第四廳副廳長（前軍調部第三廳廳長），大概係曾在美國學過軍事，乃得美國人信任，予以大量美金，在沖繩島美軍基地設立黨政軍機構，自稱海陸空軍總司令。」

二〇〇九年十一月十二日辭世的前美國駐北京大使李潔明（James R. Lilley）是中情局駐港老特工，他在回憶錄中證實了李璜的說法。李潔明說：「這些人以『第三勢力』自居，聲稱他們在大陸具有可靠的情報網，正是中情局亟欲物色的堅實情報提供人。但是，誠如我第一次派駐香港工作期間所發現，滯居在大陸之外的這些第三勢力人物，大言皇皇，並沒有具體消息可以提供。我們發現，他們提供的中國狀況情報報告，其實只是在九龍的公寓裏拿內地流出的報章報導，略加編織改造而成。……不過，中情局一九五〇年代被第三勢力人士蒙騙，除了花冤枉錢買到假情報之外，還有更糟的際遇。一九五一年，某位美國情報人員在某旅館大廳付錢給第三勢力線民，卻被香港安全部門探員看得一清二楚。中情局一再犯錯之後，香港特別組即禁止中情局在香港活動。」

五、六〇年代以香港為基地的海外華人第三勢力，不乏具孤臣孽子心態的反共人士，亦有許多崇尚民主自由的理想主義者。但在「形勢比人強」的環境裡，在急遽變化的時代中，他們只能扮演花果飄零的角色。第三勢力的悲劇結局，象徵了中國民主自由一直飽受風吹雨打的愁苦命運。

附注：本文最早刊登於第二七一期《新新聞》週刊（一九九二年五月十七日至五月二十三日出版），當時是用筆名「湯欣堯」發表。後收入元尊文化一九九九年一月十五日出版的拙著《歷史的暗流——近代中美關係秘辛》。稍作修改後，二〇一〇年一月十日刊登於香港《亞洲週刊》。有一名叫「陳正茂」者（澎湖人，輔大學士、政大碩士），曾抄襲此文，收入他在秀威科技出版的書裡。筆者已於二〇一二年八月十五日在《中國時報》的「林博文專欄」中，首次公開揭發「文抄公」陳正茂的文化詐欺行徑！

百年老店國民黨的滄桑

只要細心檢視百年老店國民黨歷史，即可發現這座「老店」一直和鬥爭、分裂長相左右，只有在蔣家父子統治台灣近四十年中，國民黨始真正享受了一段「太平日子」。國民黨內的派系和小團體在反共基地不是一蹶不振就是煙消雲散，蔣家父子的威權只受到孫立人、吳國楨、陳誠的微弱挑戰。蔣家父子在台灣掌權的近四十年裡，可以說是國民黨黨史上難得一見的崢嶸歲月。

但自李登輝掌權後，國民黨卻在台灣爆發了一連串前所未見的劇烈黨爭和內訌。首先是在一九九三年，郁慕明、李勝峰等人走出國民黨，成立新黨；繼而是一九九五年，林洋港、郝柏村聯手向李挑戰，雙雙被開除黨籍。其後是宋楚瑜於二〇〇〇年組成親民黨，李本人亦在二〇〇一年被國民黨撤銷國民黨籍。李登輝把中國國民黨變質為台灣國民黨（其實是台獨國民黨），無數的忠貞黨員為蔣經國晚年的「不辨忠奸」和「引狼入室」而痛哭，而捶胸！國民黨亦在二〇〇〇年總統大選時失掉了政權，民進黨陳水扁連選連任，但因貪腐枉法，監獄成為他的退休場所。國民黨終在二〇〇八年由馬英九領軍奪回政權。

中國國民黨創黨之初就陷入山頭林立、派系傾軋的局面。一八九四年興中會成立，革命志士誰也不服誰，辦刊物、搞小組織，除了興中會之外，還有光復會、華興會，直到一九〇五年建立同盟會，反清勢力始定於一。但滿清崩潰、民國肇建之後，同盟會立即開始分裂。推翻滿清的目的已達，團結奮鬥的黏著力隨即消失，章炳麟組成「中華民國聯合會」；江浙人和立憲派的張謇成立「統一黨」；湖北的孫武、藍天蔚、劉成禺、黎元洪創立「民社」；統一黨、民社和國民協進會聯合組成共和黨，在北京臨時參議院中專門和同盟會對抗。宋教仁為了挽救同盟會，便和其他幾個政團成立國民黨，未幾宋教仁遭袁世凱暗殺，袁又對議員加以收買、分化，國民黨遂告四分五裂。孫中山形容當時的國民黨「黨員雖眾，聲勢雖大，而內部分子意見紛歧，步驟凌亂，既無團結自治之精神，復無奉令承教之美德……當時黨人已大有爭權奪利之思想，其勢將不可壓。」

派系傾軋，槍桿解決黨內鬥爭

袁世凱垮台後，從一九一六年至一九二三年的七年間，整個中國的政風和黨風腐敗不堪。軍閥橫行、列強欺凌、黨人變節、政客無恥、社會不安，一九一九年五四運動驟起，顯示知識青年對時局的不滿和悲憤。孫中山毅然於一九二四年一月在廣州召開國民黨第一次全國代表大會，全面改組國民黨。然而，孫中山對改組和容共的獨斷獨行，卻種下了日後國民黨鬥爭不已、分裂不斷的禍根；孫中山為了要聯俄、要「以俄為師」，就不得不改造國民黨，從組織上改造即是改組，自人事上改造就是容共。於是，國民黨內部突然冒出了一批兼具國、共雙重黨籍的「跨黨分子」，不少保守持重的國民黨老黨員不滿孫中山的作法，有些人敢怒不敢言，有些人辭去黨職，有些人則離開廣州另組「擁護國民黨同盟會」、「國民黨同志俱樂部」。

一九二五年孫中山去世，胡漢民、廖仲愷、汪精衛爭奪接班人之位而爆發黨爭，廖、汪勾結軍頭發動政變擊倒代理大元帥職務的胡漢民；胡派全力反攻，刺死廖仲愷，汪精衛趁勢奪權，蔣介石亦乘機逼走其上司許崇智，廣州變成汪、蔣的天下。鄒魯、林森、張繼等人於一九二五年十一月在北京西山孫中山靈前召開中國國民黨第一屆中央執行委員會第四次全體會議，這就是黨史上著名的「西山會議派」。西山會議派諸公議決取消中共黨員在國民黨的黨籍、解除鮑羅廷的顧問職務、懲戒汪精衛。但因廣州不予承認，斥為非法，西山會議派乃自設黨中央於上海，改組不到一年的國民黨宣告大分裂。

國民黨召開第二次全國代表大會，雙胞案於焉發生。廣州先開，大會遭跨黨分子把持，毛澤東、譚平山、林祖涵等共產黨竟然是資格審查委員會的委員。廣州二全大會結束後兩個月，西山會議派在上海如法炮製，另開二全大會，年僅二十七歲的黃季陸當了大會秘書長。

一九二六年三月，蔣介石發動軍事政變（即所謂「中山艦事變」），趕走汪精衛、架空共產黨，成為最大贏家。躊躇滿志的蔣介石率軍北伐，準備統一全中國，不料一批反蔣人士在武漢另起爐灶，成立黨中央，並迎接流亡海外的汪精衛回國主持武漢黨中央和國民政府。蔣絕非省油的燈，在上海下令清黨反共，大開殺戒，並在南京成立黨中央和國民政府，蔣自覺政治實力與威望仍難以和武漢抗衡，乃拉攏胡漢民。此即國民黨史上赫赫有名的「寧漢分裂」。一九二七年七月，武漢政權斥退共產黨，國共分家，但卻無助國民黨的整合，國民黨仍有三個黨中央：武漢、南京、上海。這三派充分發揮了文攻武嚇的手段，最後汪精衛、胡漢民相繼被迫出洋，蔣介石大權獨攬，儼然是孫中山的繼承人。

蔣在一九二九年三月召開國民黨第三次全國代表大會，反對他的聲浪仍極為強大，有退席抗議的、有打架的，蔣又和胡漢民合作對付汪派分子。汪派在全國各地發動討蔣運動，一九三〇年中國陷入內戰深淵，馮玉祥、閻錫山、李宗仁連手對抗蔣介石，中原大戰，血染山河。反蔣派在北京舉行「擴大會議」，另立黨中央和國民政府，但張學良猝然揮兵入關，支持蔣介石，槍桿子解決了國民黨的黨爭內鬥。蔣又大贏，神氣非凡，竟在一九三一年因約法問題把時任立法院長的胡漢民扣押於南京湯山，即所謂「湯山事件」。

胡漢民的人馬立刻南下廣州集合各路反蔣分子，召開「非常會議」，另行成立黨中央和國民政府，這就是「寧粵分裂」。反蔣分子包括孫科、古應芬、胡派、汪派、西山會議派和廣東軍閥陳濟棠。國民黨鬧家務事之際，日本打進東北，製造九一八事變，舉國震恐，粵方堅持釋放胡漢民、蔣介石下台，蔣乃在噓聲中下野。汪派在廣州受到胡派和陳濟棠的擠壓，跑到上海另立門戶，國民黨四全大會開會時，竟演出廣州、南京、上海三胞案。胡派獲李宗仁、白崇禧等桂系軍閥支持，拒與蔣合作，頂著「西南政務委員會」的招牌，在兩廣坐大。此時，蔣卻和汪精衛合作，主持南京政府，蔣汪攜手雖有蔣管軍事、汪主政治的默契，但擁有軍隊的蔣介石已凌駕汪精衛之上。同時又利用陳果夫、陳立夫兄弟以及康澤、鄧文儀等人，逐步攫取黨權並發展特務系統，汪精衛的權力日趨式微。一九三五年十一月汪遇刺受傷，汪派懷疑蔣系幹的，實際上是抗日人士所為，與蔣系無關。一九三六年胡漢民病逝廣州，國民黨成為蔣汪共主局面。

一人獨斷，政治強人決心改造

抗戰爆發，蔣的權力與聲望大增。一九三八年三月國民黨在武漢召開臨時全國代表大會，設立總裁制，蔣出任總裁、汪為副總裁，汪派人馬忿忿不平。汪派企圖以對日謀和、化解戰爭的方式建功，俾重獲黨權，然卻促成汪精衛出走、另立黨中央與國民政府的下場，汪被斥為「漢奸」。從此，國民黨乃成蔣介石一個人的黨。一九四九年一月蔣介石因內戰失利、半壁江山變色而遭黨內主和派、第三勢力以及部分高級將領的逼迫，飲恨下野，但他只是暫時讓出總統的位子，並沒有放棄國民黨總裁的權位。質言之，黨高於一切，黨職比官職還高、黨權比政權還大，因此李宗仁雖自一九四九年一月二十一日起代行總統職權，蔣介石且對黨政軍文武百官公開表示：「我於五年之內絕不干預政治，但願從旁協助。」事實上，蔣仍完全控制黨軍特財經與人事大權，李宗仁只是一個空頭元首。當時國民黨高層對蔣的下野有正反兩種意見，蔣在下野前夕箋邀國民黨中央執行委員和中央監察委員四十餘人至南京黃埔路官邸聚餐，餐後討論下野問題，蔣氣憤地說：「我並不要離開，只是你們黨員要我退職；我之願意下野，不是因為共黨，而是因為本黨中的某一派系。」所謂「某一派系」，顯然是指李宗仁、白崇禧的桂系；日後李不敢來台，白在台受監視，乃良有以也。

蔣介石在國民黨群雄競逐中脫穎而出，取得黨權、政權和財經大權，純是其掌握軍權的緣故，再加上超人的政治手腕（如拉一個打一個、花錢大方等），而使其成為近代中國的一介強人。然而，國民黨在蔣一人獨斷獨行的時代，依舊內訌不停，不過都是在蔣控制和默許之下進行，陳果夫、陳立夫的CC系和康澤、鄧文儀的復興社激鬥，後來又鬧出三民主義青年團（即「三青團」）與黨的鬥法、蔣經國的太子系與復興社的對峙。這些內鬥到了台灣以後即告停頓，即使未完全終止，亦不過是微不足道的茶壺裡的風波。

蔣介石到台灣後痛定思痛，他認為神州之沉淪不是共產黨打敗國民黨，而是國民黨打敗國民黨。因此他決心改造國民黨，成立中央改造委員會，全力推動改造運動，剷除黨內派系勢力，黨權與政權定於一尊，不容任何挑戰父死子繼，蔣經國後來亦傳承了其父親所樹立的絕對權威的統治模式。其實，改造運動的另一作用乃是淡化黨中央的權力，至少要使政府的角色、功能和運作像民主國家一樣，不能太露骨地以黨治國。

蔣家父子在九泉之下大概「做夢」都不會想到日後的國民黨竟淪落到兩位副主席連手對抗黨主席的亂局。不過，在江聲浩蕩的歷史潮流中，在急劇變化的政治景觀裡，國民黨的雄風不再乃是必然的，國民黨的高層內訌亦是不可避免的，這些都是具有「台灣特色」的政治文化。

魯斯媒體集團與國民黨

美國人民當年對國民黨的了解與誤解，並非透過所謂「國民黨學」專家的學術著作和論文，亦不是從白宮和國會山莊的政客口中獲知梗概，而是經由大眾傳播工具認識「國民黨中國」（Nationalist China）。

三〇年代以前，美國人民對中國的印象是零星的、片段的和偏頗的，他們只知道孫中山、傳教士、軍閥、揚子江、上海、廣州、鴉片、苦力、貧窮和饑荒。三〇年代以後，媒體對中國的報導愈來愈多，有關中國的小說、電影和戲劇源源出籠。飽受日本武裝威脅和共產黨猖亂的消息，亦不斷從中國傳出，大家慢慢知道中國的統治者是蔣介石，他是國民黨的領導人，也是一個基督徒，蔣的妻子則是受過完整的美式教育的宋美齡。

在賽珍珠、林語堂等人的小說和雜文的描述中，在報紙、雜誌的大量報導下，美國人民不但對中國文化與社會有更進一步地體認，對國民黨治理中國的情況，亦逐漸有點「概念」。

在美國媒體中，對國民黨介紹最多、影響力亦最大的刊物，當首推魯斯（Henry Luce）所創辦的《時代》（一九二三）、《財富》（一九三〇）和《生活》（一九三六）。從二十世紀二〇年代至七〇年代，沒有一份雜誌和報紙對國民黨的報導及評論，能夠與《時代》和《生活》並駕齊驅，這兩份刊物所塑造的「國民黨形象」（或「中國形象」），在美國知識群眾中打下了深深的烙印，且在一定程度上左右了美國政府的對華政策。

同情支持塑造國民黨形象

魯斯生於中國山東登州（煙台），父親（中文名：路思義）為傳教士，十四歲時始返美接受中學教育，其後在耶魯和牛津肄業。由於出生山東，又在中國度過童年與少年時期，故魯斯一直對他的「第二故鄉」中國懷有深厚的感情。在耶魯讀書時又結識孔祥熙、王正廷、晏陽初和余日章等人，他比一般美國人更了解中國的貧窮與落後，不斷呼籲英語世界的讀者同情中國，他欣賞蔣介石和宋美齡，要求編輯和記者以「同情和支持」的態度處理中國新聞。

在魯斯的雜誌王國裡，國民黨就是中國，中國即是國民黨，而蔣介石和宋美齡乃是國民黨政府的化身。因此，在魯斯的主導下，《時代》、《生活》和《財富》（*Fortune*，國內早期將此雜誌名稱譯為「幸福」）三大雜誌，即不遺餘力地將國民黨的正面形象介紹給美國讀者，而成為美國人民了解中國的最佳管道。質言之，從二〇年代至七〇年代（《生活》於一九七二年十二月停刊）的漫長歲月中，魯斯的雜誌幾乎「壟斷」了美國媒體國民黨中國的新聞。

一九二七年四月四日，已創刊四年的《時代》，首次以一位中國人當封面人物，這個人就是年方四十一、叱咤大江南北的國民革命軍總司令蔣介石。二十八年後，一九五五年四月十八日出版的《時代》，第十次亦是最後一次以蔣為封面人物。《時代》編者在「出版人的信」中告訴讀者說：「蔣介石元帥本週第十次出現於《時代》的封面，多過任何一位活著的人，只有蔣的大仇敵史達林差可比擬。……一九二七年的《時代》封面，首次描述蔣是位嚴肅而又年輕的國民黨領袖，且為孫中山的繼承人。他今天的奮鬥目標與一九二七年全然雷同：要統一全中國。」

《時代》與《生活》對蔣介石的持續報導，實際上是蔣能夠揚名國際舞台而躍為「四巨頭」之一的主要原因。宋美齡對美國朝野所做的公關、江浙財閥和歸國留學生的奧援，以及中國逐漸從古老大國走向現代世界的必然趨勢，也都是造成蔣介石繼孫中山之後成為國際社會中最為人所知的中國人。

在中國抗戰時代和國共內戰期間，《時代》和《生活》充分發揮了媒體的影響力，對中國軍民的浴血抗日和國民黨對付中共武裝叛亂的事蹟，做了大量而又詳盡地報導和宣揚。但是，魯斯向國民黨政府「一面倒」的新聞政策和編輯方針，以及將國民黨統治階層加以刻意美化的包裝，卻在《時代》和《生活》內部引起了強烈反彈。派駐重慶和南京的記者，在中國的親歷親聞，使他們再也無法做片面、扭曲和掩飾性地報導。

最著名的一個例子是《時代》和《生活》駐重慶記者白修德（Theodore Harold White）的故事。白於三〇年代末期到重慶，曾在董顯光主持的國民黨中宣部任職，後受聘為《時代》的通訊員、記者，並成為魯斯的愛將之一。白修德最初對國民黨政府和蔣介石、宋美齡頗具良好印象，因此對國民黨所領導的抗日和國民黨官僚皆採「同情與支持」的態度。但他在中國待得越久，越發現國民黨政府的腐化無能。一九四三年二月，白修德在國民黨的新聞封鎖下，獲悉河南正在鬧大饑荒，死亡人數多達數十萬（一說數百萬）人，他親自前往採訪，並將所目睹的「千里無人煙、白骨蔽中原」的慘狀，避過國民黨的新聞檢查，拍發長文至紐約《時代》編輯部。魯斯接獲白修德的電文後，內心起了極大的衝突，為國民黨隱瞞事實呢？還是秉諸良心予以發布？魯斯畢竟不能漠視這條震撼性的大新聞，乃下令刊登。文章刊出後，舉世為之震動，國民黨則為之震怒。「最怒」的是當時正在美國訪問的宋美齡，她要求魯斯炒白修德的魷魚，魯斯未為所動。

白修德不僅目睹了河南大災荒，亦看到了國民黨軍政大員的顢頇、蔣介石與史迪威的爭執和中國人民生活的艱困。他不願再為《時代》和《生活》撰發違背良心與事實的報導，紐約編輯部又經常扣留他的稿子，甚至將他批評國民黨的報導改成「稱讚」國民黨，白修德乃在一九四五年八月採訪日本投降後，與魯斯決裂。一九四六年，白修德和賈柯貝女士（Annalee Jacoby）合撰《來自中國的雷聲》（*Thunder Out of China*，又譯《中國的雷霆》），魯斯完全無法忍受他所栽培的白修德竟在思想上和他背道而馳，更不能忍受這本描寫國民黨日薄西山的書竟能一下子賣了四十五萬本。魯斯痛責該書是導致國民黨失去大陸的「禍因」之一。

其實，白修德與魯斯的鬧翻，並不難理解。魯斯理想中的中國是炊煙裊裊的「田園式」的中國，是融合儒家思想與基督教義的中國；但白修德所了解的中國卻是即將瓦解的動亂中國，是一個已經失調的國民黨政府。

在五、六〇年代冷戰高峰時期，魯斯成為「中國遊說團」的一分子，全力為蔣介石所領導的國民黨政權辯護，繼續充當國民黨在美國媒體的「大護法」。但是，魯斯畢竟是一個洞燭世變的老報人，他在內心深處完全了解國民黨政府已不可能重返中國大陸，共產黨中國已取代了國民黨中國。不過，魯斯並沒有勇氣改變《時代》和《生活》的新聞走向，他只能寄望他的接班人唐諾萬（Hedley Donovan）轉換方向，他不願在有生之年「對不起」他的老朋友蔣介石和宋美齡，以及他一生所支持的國民黨。魯斯於一九六四年去世，一九六六年毛澤東發動文化大革命，《生活》雜誌自九月二十三日開始連續三期以巨大篇幅介紹近代中國的演變，並請曾遭《時代》修理過的哈佛「中國通」費正清教授撰寫分析性導言。

魯斯集團只賣「反共」

《時代》和《生活》對國民黨所做的近半世紀的報導，究竟是加強美國人民對國民黨的了解或是誤導美國人民，數十年來已引起美國學術界和知識界的大辯論。曾獲普立茲新聞獎的前《紐約時報》記者哈伯斯坦（David Halberstam）嘗言，魯斯旗下的三大雜誌好比是三間大鞋店，但所售賣的鞋子，只有一種牌子，尺碼、顏色、樣式完全一樣，那就是「反共」。

五〇年代初期，共和黨大肆追究「誰失去中國」以及共和黨極右派參議員麥卡錫掀起整肅共黨分子、左翼人士和自由主義學者的腥風血雨時代，美國媒體幾乎不敢攖其鋒。即使在麥卡錫已變成專事迫害異議人士之後，媒體仍噤若寒蟬，任其製造白色恐怖。《紐約時報》在五〇年代報導中共的新聞時，仍稱北京為北平。

美國主流媒體對國民黨的宣揚，使中國的許多真相受到蒙蔽，如果史諾（Edgar Snow）未在一九三七年出版《紅星照耀中國》（*Red Star Over China*，又譯《西行漫記》），則絕大多數美國人民根本無從知道毛澤東所領導的中國共產黨，已經和國民黨鬥爭了十餘年，更不清楚中共在國民黨軍隊五次圍剿後進行「二萬五千里長征」（國民黨稱之為「流竄」），已逃至陝北延安「革命根據地」。

在麥卡錫時代，所有的左翼報人皆痛遭打擊，史諾的通訊文章也只能發表在《國家》（*The Nation*）等左翼刊物和一些小報上，他只好離開美國，在瑞士隱居。諷刺的是，尼克森政府積極推動與中共和解時，《生活》雜誌卻獨家刊登了史諾專訪毛澤東的文章。世界的大氣候變了，《時代》、《生活》也跟著改變，史諾終獲得美國主流媒體的「平反」。

《時代》與《生活》所代表的美國主流媒體，在將近半個世紀的時光裡，包辦對國民黨的報導，給予肯定的評價，將國民黨形容為一個積極進取、有所作為的政黨，陳立夫也上了《時代》的封面（一九四七年五月二十五日），蔣介石則不僅是中國的救星，亦為亞洲人民希望之所寄。因此，當國民黨於一九四九年倉皇辭廟、撤守台灣時，絕大多數的美國人民（包括大部分政客在內）都「嚇呆了」。蔣介石所領導、美國所支持的國民黨政府，為什麼在抗戰勝利不到四年就垮了？代表民主、倫理、正義的國民黨為什麼突然敗給「無神論」和「邪惡」的共產黨？

美國人民不敢相信他們自己的眼睛，美國政客也不敢相信既成之事實，美國媒體更不敢相信中國已變成了紅色。於是，追究民主黨政府和杜魯門總統「失去中國」的狂潮，開始席捲美國。透過歷史的眼光來透視，美國政客和媒體對「失去中國」的追究，乃源於過去數十年對中國報導的不正確、不全面、不深入。也就是說，對國民黨及其統治集團的報導，與事實產生了極大的落差，而使媒體本身和美國人民看不清楚真正的中國，以及國民黨在數十年內憂外患和人謀不臧下所累積的病症。

進一步而言，美國主流媒體在七〇年代初期尼克森開始與北京握手言歡之際，對中共的報導亦做了一百八十度的轉變，討好多於批評。編輯、記者與媒體大亨以受邀訪問中國大陸為榮，直至一九八九年六月天安門事件，始敲醒美國媒體的「中國夢」。

易勞逸與「國民黨學」

相對「中共研究」而言，「國民黨研究」在美國學界算是比較冷門的一環，以「國民黨學」專家享譽學界者亦不多，不過近幾年的情況已稍有改善。

曾在耶魯大學任教的中國近代史教授芮瑪麗（Mary C. Wright，一九七〇年去世；其專研中國歷史的丈夫芮沃壽〔Arthur Wright〕，一九七六年辭世），可說是以分析與比較的史學方法研究國民黨的開路者之一。她在一九五七年出版的《中國保守主義的最後陣地：一八六二年至一八七四年的同治中興》一書中，即對蔣介石所領導的國民黨在思想上、精神上、政治上和軍事上，以曾、左、李、胡等晚清名臣為師，以儒家經典為本的治黨建黨方式，具有精到的剖析。芮瑪麗認為同治中興的失敗乃在一方面既要維持儒家的社會秩序，一方面又要使中國在現代世界中生存，而這兩者所需要的必要條件是相互對立、互不相容的。國民黨改革失敗的原因，正與同治中興雷同。模仿同治中興的另一個「副作用」則是，包括蔣介石在內的國民黨高層領導人，幾乎個個都變成了保守派，這些人數十年來雖仍自稱「革命家」，國民黨亦標榜「革命政黨」，但已找不到一絲一毫的革命氣息。

老一輩的學者如韋慕庭（Clarence Martin Wilbur）、董霖、楊格（Arthm N. Young）和其他學者如于子橋、田弘茂、齊錫生、佐頓（Dohald A. Jordan）、易勞逸、易社強、陳志讓、范力沛

（Lyman Van Slyke）、裴若珊（Sueanne Pepper）等，都對「國民黨學」的提升有所貢獻，其中以一九九三年病逝的易勞逸的著作影響最大。

任教伊利諾大學多年的易勞逸著有《流產的革命：國民黨統治下的中國，一九二七至一九三七》（一九七四年出版）、《毀滅的種子：戰爭與革命時期的中國，一九三七至一九四九》（一九八四年出版），並在費正清和費維愷（Albert Feuerwerker）主編的《劍橋中國通史》第十三分冊第二部分（中華民國時期），負責撰寫兩章。在《流產的革命》中，易勞逸指出：「國民黨在一九二七年至一九二八年間奪權之後，迅速地失去了革命的衝撞力，而變成只關心如何維持權力的軍事獨裁組織。」他說，從一九二七年至一九三七年，國民黨並沒有能夠解決國家在政治、經濟和社會等方面的種種困難。經濟的衰退、日本的侵略和中共的興起，削弱了國民黨改革派的決心，耗損了新政權的物力。

易勞逸在《毀滅的種子》裡，分析國民黨政權地方和中央的抗衡（以雲南對抗重慶為例）、國民黨與農民和賦稅的關係、國民黨的內部鬥爭（三青團和革新運動）、國民黨的軍隊、蔣經國和金圓券改革以及國民黨在大陸的崩潰。易勞逸強調，國民黨為自己埋下「毀滅的種子」的根本原因在於：（一）國民黨從未創造出一個完善而堅固的政治結構；（二）國民黨未能創造出一個符合民眾需要，並能落實政治和經濟改革的高效率行政機構；（三）抗日戰爭對國民黨統治基礎和建國能力的削弱；（四）未能控制通貨膨脹；（五）在孫中山時代，國民黨的權力順位是黨、政府、軍隊，但在蔣介石時代則變成蔣本人為至高無上的統治者，軍隊成為政府的統治工具；（六）對抗中共策略的失敗。

易勞逸對國民黨的研究為日後的「國民黨學」學者，提供了新的方向和研究途徑。易勞逸一九九三年去世前抱病將蔣介石的第二任妻子陳潔如的英文回憶錄整理問世（Westview出版），並撰寫長篇導言。

「國民黨學」在美國學界是一門方興未艾的領域，由於新的史料和檔案大量出現，而國民黨六十多年來在台灣的表現又與大陸時代大相逕庭，為何在大陸失敗，在台灣成功？因此，更提高了學者對「國民黨學」的研究興趣。

慘淡歲月的台灣

在詩人的筆下，台灣是個充滿蕉風椰雨的蓬萊仙島。但在一九五〇年前後，台灣卻是圍困在風雨飄搖中的孤島。神州已然陸沉，婆娑之洋頓成驚濤駭浪，國民政府和二百多萬大陸軍民「忽聞海上有仙山」，紛紛跨越怒海尋找在虛無縹緲中的「仙山」。

一位年輕的新聞記者在台北市福州路二十號台大校長傅斯年的宿舍裡，看到了掛在客廳牆上傅校長親書的七個大字：「埋骨於田横之島」。傅斯年說，有些台大學生抨擊他擔心台灣不保，打算溜到美國去，他即寫下了這幅中堂高懸客廳，以示與孤島共存亡的決心。

傅斯年筆下的「田横之島」，不僅在共軍席捲大陸、中樞倉皇辭廟的時候，遭到了危疑震撼。在過去五年——從台灣光復到中原板蕩——亦歷經了劇烈地轉折和痛楚地滄桑。尤其是一九四七年二月二十八日爆發的官逼民反、同胞相殘的血腥殺戮慘案，不但為整個中華民族帶來無可彌補的創傷與悲劇，在中國與台灣近代史上所造成的影響與衝擊，亦絕不亞於任何一場負面政治事件或社會暴亂。

在國史上，台灣始終被認為是一個「蕞爾小島」、一個「邊陲地區」，而台灣人亦被視為是「化外之民」。然而，在清廷「欣然」割台之後，日本卻在五十年的殖民統治中創造了美國學者馬若孟（Ramon H. Myers）所說的：「日本殖民政府在改善殖民地人民的生活水準和創造新的機會方面，無疑是近代殖民史上成功的例子之一。」一九四六年年初從大陸到台灣擔任救濟總署台灣分署視察的汪彝定亦說：「台灣有一項承襲自日本人最好的東西，即城鄉發展較為均衡，基本設施與國民訓練非大陸任何一省可比。……隨便舉幾個例子說，光復當時，台灣的全省輸電網已經大致完成，平地鄉村供電可達九〇％，山區及僻遠地方則無法達到。在大陸上，即使是最繁富的江蘇、浙江、廣東，全省輸電網都差得遠，鄉村供電率低。」在教育上，台灣人雖備受歧視，「但廣設各地的國民學校，卻提高了一般人民的知識與領悟能力，這給後來的工業化提供了充裕可用便於訓練的人力。」

儘管日本人戮力建設台灣，台灣人渴望翻身、南望王師的心願，未嘗稍歇。如持節守義的台灣名紳林獻堂在日本敗降後，迅即飛往南京、上海之間，會晤何應欽將軍，陳述台灣當時的情況以及台民數十年來身受異族統治的痛苦。

一九四五年十月二十五日，林氏參加受降典禮，並擔任台灣光復慶祝大會主席。五十年的受治於人，台灣與中國本土必然會在許多方面出現鴻溝。面對巨大的歷史變遷，台人在心理上、觀念上和認知上必須重新調適以因應新時代的到來，以投身於祖國的懷抱。可歎的是，林獻堂在光復後的落寞處境，終至避居東瀛，即證明了國府當局對台灣士大夫的漠視、對知識階層的抹煞以及對社會群眾的疏離。

二二八事件並不是一樁偶發事件，也不是單純的「不滿」事件，它是在政治激盪、文化隔閡、政府無能、官僚顢頇、心理失調和武夫濫權所累積下的嚴重社會失控事件。國府在抗戰勝利後的接收工作，每被史家譏之為「收復失土，喪盡人心」，並導致中共的坐大。其實，國府最失敗的接收工作，不在東南沿海，亦不在中原地區，而是在東北與台灣這兩個陸地上與海疆上的邊陲之地。台灣接收之失，釀成了血腥的二二八；東北接收之誤，演變為東北保衛戰的兵敗如山倒！

金陵王氣黯然收

台灣人對祖國的憧憬、對光復的期待，就像一層薄霧一樣，很快地在大地上消失。美國政治學者馬克・曼考爾（Mark Mancall）和摩利斯・梅斯納（Maurice Meisner）在《中國季刊》的論文中指出，一九四五年九月至一九四七年二二八事件期間，國府對台灣與台灣人的心態是：儘管台人歡迎重歸中國版圖，但因台灣被日本人統治達半世紀之久，因此台灣人不可能「效忠政府」，而需要「再教育」；國府並視台灣為「榨取之地」，稻米和其他產品源源運至大陸，特別是供應正與共軍進行內戰的國軍。汪彝定在《走過關鍵年代》中說：「三十五年春，日僑遣送將畢，大陸來的大小官員接管了整個行政工作，一方面我們紀律不佳，一方面我們的治事方法與日本人不同。台灣人之間開始拿大陸人與日本人相比，對大陸人不滿。飆升的物價、可驚的貪污不法、經濟衰敗與失業，嚇壞了台灣老百姓，懷念日本時期的安定有制度的情緒油然而升。三十五年初，外省人就已明白感受到這種變化了。」

在國府對台灣人的「再教育」中，最大的失策、也最引起民眾反感的就是禁止台灣人說台灣話，台灣知識分子所慣用的日語，亦被禁使用；國府泛政治化的語言政策，幾乎完全剝奪了台人的發言權和知的權利。再加上國府放任內地來的公務員以形同霸占的方式貼條子封房子，這種以「征服者」的姿態逞威台島的惡形惡狀，何止使六百萬台人「心酸酸」！

從任何一個角度來看，國府在台灣光復後頭五年的表現，是令人搖頭太息而又不堪回首的。中興以人才為本，國府既派不出人才治台，又雅不願重用台人；於是，台灣在光復後初期，原有的社會動力和經濟生態漸次凋萎，而又乏新血輸和新酵素的注入，「美麗之島」似乎只有哀愁與傷逝。

台灣既已回歸華夏，其興衰榮辱從此與祖國息息相關。光復後的台灣，非但未獲休養生息，反倒成為國共內戰中國軍糧源與兵源的一個供應站。數千名台灣兵隨著整七十師、整六十二師、九十五師、二十一師遠赴大陸作戰，他們的下場即如同國共內戰的結局一樣，不是陣亡就是被俘。國府在大陸的全面失利，使「金陵王氣黯然收」，同時亦改變了台灣的命運和整個亞洲與西太平洋的前程。

蔣經國在《危急存亡之秋》的日記中，記述他在一九四九年一月十日奉父命前往上海訪中央銀行總裁俞鴻鈞，「希其將中央銀行現金移存台灣，以策安全。」其實在國共內戰於一九四八年急轉直下之際，蔣介石的內心深處即已了然江山難保，已決定台灣將是他重整旗鼓、東山再起的地方。擔任蔣介石侍衛長多年的俞濟時在《八十虛度追憶》中透露，一九四八年秋天，蔣的部分機密檔案已貼上「必要時先送台灣」的標籤，同年十一月，總統府機要室主任張廷楨將第一批重要手令檔案及密件等，派科員汪守芝搭空軍專機押運來台，暫存置台灣警備總部堡壘室，隨後轉運大溪檔案室負責保管。總統府軍務局的密檔亦在十二月由高參楊學房將軍運台。

大溪檔案的創立，象徵了蔣介石的「硬性權威統治」將自中國大陸移至台灣，台灣又將面臨另一次的政治大變動。中央政府的大撤退，使台灣人在侷促中體認到時局的危險，在慌亂中驚覺於祖國已經沉淪，台灣變成了中華民國，台北成了首都。從此，台灣在國共的對峙中和台北、北京與華盛頓的三角關係裡，載浮載沉。

國府雖以台灣為海上長城，但中共高喊的「血洗台灣」、「解放台灣」的口號，加上杜魯門總統、艾奇遜國務卿摒棄蔣介石的政策，使台灣成為國際政治上的一只燙手的洋芋。中共要侵占它，日本不能忘情它，美國在徬徨中絞盡腦汁，既想鼓勵台灣獨立，也想使它變成託管地，但又與蔣介石政權藕斷絲連。國務院的一批決策人員，屬意於扶持留美的吳國楨（文）和孫立人（武）以取代蔣介石；台灣的主權與地位亦受到了國際與台灣民族主義者的質疑。

獨裁專制下的政治侏儒

一九五〇年六月爆發的韓戰，使風雨飄搖中的台灣，走向風調雨順之境，這是台灣由危轉安的最大關鍵。敵視蔣介石的杜魯門下令第七艦隊巡弋台灣海峽，以防衛台灣；「美國的凱撒大帝」麥克阿瑟將軍更是雄心萬丈，他訪問台北，為國府帶來了情重如山的道義支持，他要使台灣成為「永不沉沒的航空母艦」。

韓戰改變了台灣的命運，但卻未改變蔣介石的統治方式，跟過去在大陸不同的是，他獨裁但更具效率，他專制但顯開明。蔣介石是個名實相符、「其介如石」的領袖人物，在危局中對外不退縮，對內不妥協。

台灣在安定與安全中穩步前進，人民的智慧、勤勞與苦幹，開創了發展中國家的經濟奇蹟，為世人所艷羨。但在八〇年代，即顯出台灣在經濟上是巨人，在政治上卻是侏儒的大缺憾；經濟建設上的成就與政治民主化的腳步太不成比例了！在言論上，有出版法、有報禁；在學校機關中，遍布特務；中央級國會成為「恐龍博物館」，為舉世所訕笑；統治法典有戒嚴法、有檢肅叛亂條例。自「走過從前」的角度來看，造成台灣政治無能、民主無力的「禍根」，在一九四五年至一九五〇年間即已栽植於台灣的土壤上；「種瓜得瓜，種豆得豆」，政治局面的不能宏開，乃導致從政人才的缺貨；省籍問題的糾結，為日後的台灣社會和政壇留下了深刻地傷痕；國府當局的短視和天下為「私」的觀念，則是一切弊病的根源。

從台灣光復到大陸淪共的五年，是一段尷尬的年代、混沌的日子、曖昧的時代。台灣從日本人的桎梏中走出，對陌生的祖國怯怯招手，「亞細亞的孤兒」在步履踉蹌中，既驚且懼。成長的歷程，總是緩慢的，誤解與衝突需要長時間地療傷、止痛、化解；中華民族是樂觀進取的民族，烏雲與陰霾過後，大家又能攜手懷想過去、展望前程。

歷史的變化曲折而又難測。誰能料到光復後的台灣會立刻走向坎坷之路？誰又能料到五〇年代初期的「田橫之島」，竟會變為九〇年代的富裕的「貪婪之島」？為台灣的美好前途，無數的人貢獻了心力，付出了代價，從晚清、日據、二二八到今天的民主憲政改革，一直有人在辛勤種樹，俾使後人乘涼，這是台灣政治運動史上最寶貴的一個偉大傳統。

我們已走過遍地荊棘和千山萬水，又何懼於展現在眼前的險阻難關！

季辛吉秘訪北京撼動台灣

二十世紀最具震撼力的「外交奇襲」之一，發生在一九七一年七月。白宮國家安全助理季辛吉奉尼克森總統之命，秘訪北京，肇始了美中（共）關係的解凍和美台外交的變形。那一年的七月中旬，被認為是「改變歷史的一週」。

在尼克森漫長的從政生涯裡，外交是他的「最愛」，反共則是他的登龍術。他是一個頭腦靈活的現實主義者，也是一個能夠站在高處看遠處的外交戰略家。他在五〇年代，高舉大棒窮追猛打「失去中國」的民主黨政府，但在二十年後，卻手持橄欖枝向紅色中國揮舞，宣稱擁有全球四分之一人口的中國如繼續被摒除於國際社會，則世界將難有「永久的和平」。一九六七年，尼克森在《外交季刊》上發表〈越戰以後的亞洲〉，首度公開揭櫫了改善美中關係的重要性。一九六八年，尼克森東山再起，擊敗被越戰拖垮的民主黨對手韓福瑞。一九六九年一月二十日發表就職演說，暗示中國大陸不應該生存在孤立中。

尼克森上台伊始，即在備忘錄中要求季辛吉尋覓與中國和解的途徑。促成尼克森與北京對話的近程動因，乃是希望藉中國之力早日結束越戰；遠程目標則是企圖向蘇聯打出「中國牌」，並建立中美蘇「新三國」的國際秩序。於是，尼克森政府快馬加鞭地做出一系列的外交動作：在國內，放寬美國人旅行中國大陸的限制，解除禁運；在國外，請求巴基斯坦總統葉亞海汗、羅馬尼亞總統齊奧塞斯庫、法國總統戴高樂等充當調人，向北京傳話示意。

外交不是單行道，而是雙向道，有人出招，也必須要有人接招，才能「有戲可看」。七〇年代初期的時代背景和國際形勢，正好為美中關係的突破，創造了有利條件。其時中共正逢「內憂外患」，文化大革命的野火仍未止熄，全國嚴重內傷；中蘇國界上，蘇聯陳兵百萬，在發射台上的核子飛彈全部瞄準中國大陸。「大海航行靠舵手」，毛澤東使中國大亂，但他是一個比尼克森還更具賭性的大賭徒，他知道中國要生存，要在美蘇兩霸的對峙中活命，就必須依附一霸，或「拉一霸，打一霸」。一九六九年春天珍寶島的武裝衝突，更使老毛感覺到形勢已比人強，中共在蘇聯的威逼下，面臨了存亡絕續的關頭。

中美雙方頻送秋波

珍寶島的戰火點燃之後，周恩來向老毛提議，邀陳毅、葉劍英、徐向前、聶榮臻等四位元帥，每星期六在中南海紫光閣五承殿舉行國際形勢座談會，結論則供中共中央參考。這些老帥認為中蘇之間只有小衝突而不會「大打」，陳毅則主張恢復中美華沙大使級會談。打開冰凍已久的雙邊關係，「陳老總」的建議，獲得其他三位老帥的一致贊成，同時也引起老毛的注意與興趣。

中共領導人對華府頻頻傳來的「秋波」，當然已覺察到，但北京的反應則不像美國人那樣露骨，而是中國傳統式的含蓄與間接，例如老毛邀請美國左派名記者、《西行漫記》作者史諾（一九七二年二月十五日病逝日內瓦，終年六十六歲），於一九七〇年十月一日中共國慶時，登上天安門，並由周恩來親自在《人民日報》的版面上做了精心安排，以頭版顯著地位凸出了毛與史諾夫婦（另加翻譯冀朝鑄）在天安門慶典上的照片。然而，尼克森與季辛吉卻忽視了中共在

「照片」上所傳達的信息。季辛吉在回憶錄裡懊惱地說，毛、周「高估」了美國人的觀察能力。

不過，尼克森注意到了老毛與史諾在一九七〇年十二月十八日的五小時談話（原文後登《生活》周刊），史諾直接問老毛是否歡迎尼克森訪問北京，老毛答：「目前中、美兩國之間的問題，要跟尼克森解決。我願跟他談，談得成也行，談不成也行。吵架也行，不吵架也行。」老毛又說：「如果他想到北京來，你就捎個信，叫他悄悄地，不要公開，坐上一架飛機就可以來嘛。當作旅行者來也行，當作總統來也行。我看我不會吵架，批評是要批評的。」

一九七一年年初，中美雙方的「動作」開始加劇了。周恩來要羅馬尼亞副總理轉告美方，北京準備接受美國特使的來訪。同年四月六日，美國駐日本大使館自東京打了一個緊急電報給國務院，報告一件突發性的大事：中共已邀請在日參加世界盃乒乓球賽的美國桌球隊訪問中國大陸，進行數場友誼賽。這項由毛澤東親自批准的「乒乓外交」，尼克森在回憶錄中說，使他「又驚又喜」，他立即批准桌球隊的訪問行程，北京亦同意美國記者隨隊採訪。

四月下旬，周恩來再透過巴基斯坦向白宮傳送一項訊息：北京將公開歡迎美國特使或國務卿或總統來訪。尼克森和季辛吉費了好幾天的工夫討論特使人選，第一個被提出的是美越（共）和談代表布魯斯，第二個人選是做過駐聯合國和越南大使的洛奇。但這兩位人選因與越戰關係太過密切，恐將引起北京不悅，尼克森乃提到國務卿羅吉斯，季辛吉聽到之後，默不作聲，翻翻眼皮，沉默地表示反對。尼克森只好說：「亨利，只有你可以做這件事了。」季辛吉乍聞之下，首先表示異議，他說他和羅吉斯一樣，「目標太大」，很難不為人所知，尼克森說：「我有信心，能夠秘密進出巴黎的人，一定也有辦法進出北京，而不會被人知道。」

五月十日，季辛吉傳召巴基斯坦駐美大使到白宮，請他把一份電報轉巴國總統交給周恩來，電報上明確表達美國願意接受周恩來的邀請，訪問北京，但尼克森在電報上提議季辛吉採取秘密而不是公開的方式訪問北京。尼、季等了兩個禮拜，始在六月二日晚上收到巴基斯坦大使館轉來的一份重要電報，電報上面寫著：毛澤東歡迎尼克森來訪；周恩來歡迎季辛吉以特使身分來訪，與中國高層官員洽談和安排尼克森未來的訪華事宜。

季辛吉興奮地對尼克森說：「這是二次世界大戰結束以後，最重要的一次通訊。」尼克森取出陳年法國Courvoisier白蘭地，與老季共飲，在林肯廳暢談他們的「中國夢」。

季辛吉是歐洲近代史和核子外交問題權威，而不是亞洲或中國問題專家，因此，他奉尼克森之命要打開中美外交僵局時，即向國會圖書館和中央情報局調借大批有關中共領導人和中美關

一九五三年，美國副總統尼克森的夫人派德（Pat）首次訪台。圖為尼克森夫人與監察院長于右任握手，右一為美國駐華大使藍欽夫人，右三為尼克森，右四為正向派德介紹于右任的藍欽大使。（圖片係龔選舞贈予林博文）

係的資料、書籍與檔案，但他又怕「洩密」，乃同時也大量借閱其他國家與人物的資料，以混淆耳目。季辛吉把這批中國檔案藏在白宮的一個小房間裡，細心閱讀，也防別人撞見。那時候，最反對美國向中共示好的是副總統安格紐，但他完全不知道尼、季的秘密計畫；羅吉斯也是被蒙在鼓裡的人，他對尼克森逐步討好中共的措施（如廢除旅行、貿易限制），並不太贊同。

尼克森偶爾也會邀請一批「中國通」到白宮來，論辯中國問題。右翼的「中國通」以為尼克森仍像過去一樣反共，侃侃而談如何繼續圍堵中共、孤立中共；他們沒想到尼克森竟對他們說，時代變了，美國的中國政策也到了必須改弦更張的時候了，他們對尼克森的轉變，始則瞠目以對，繼而怏怏不樂，尼克森已不再是他們的「同道」了。在

一九七〇年十月一日，毛澤東特邀「老朋友」、美國左翼記者史諾（又譯斯諾）登上天安門城樓慶祝中共建國二十一週年，冀朝鑄（中）擔任翻譯。老毛此舉乃是向華府「示好」，願與美國「談談」，但尼克森政府並未領會到老毛的「深意」。史諾於三〇年代前往延安訪問毛澤東和中共新一代領導人，日後結集出版《西行漫記》，暢銷西方。

國會山莊，參、眾兩院也陸續召開對華政策聽證會，在五〇年代麥卡錫主義猖狂的歲月，被斥為「失去中國」的一批「老中國通」紛紛被邀出席作證，這批人包括謝偉思和戴維斯等已退職的外交官，以及哈佛大學的費正清。跟二十年前不同的是，他們在國會山莊受到了禮遇和讚揚。有一天，謝偉思、戴維斯、費正清三人同時出席參院外交委員會的聽證會，很巧的是，他們三人的名字（First Names）都是約翰（John），有人打趣說：「當年失去中國的人，共有四個John，除了這三個John之外，另一個John，就是John Kai-shek（蔣介石）！」這句話在嚴肅的聽證會上，引起了鬨堂大笑。

空前絕後的「外交屎遁」

萬事俱備了，季辛吉秘密行程的所有細節，都敲定了。就在他準備啟程的當天——一九七一年七月一日——中華民國駐美大使沈劍虹（二〇〇七年七月十二日去世，享年九十九歲）到白宮找季辛吉，商談聯合國的中國代表權問題，特別是美國所屬意的「雙重代表權」提案。季辛吉在回憶錄《白宮歲月》中說，這一次見沈，是他「平生所經歷的十分痛苦的會晤之一」（one of the more painful Meetings of my Career），他無法與沈專注地討論問題，因為他心中隱藏了太多的秘密，而這些秘密，將嚴重地傷害沈劍虹所代表的國家。

季辛吉率領了三名亞洲事務的親信和兩名特工離開華府。這三名親信是溫斯頓・洛德（Winston Lord，後出任駐北京大使）、何志立（John H. Holdridge，後出任北京聯絡處副主任和亞太事務助卿，二〇〇一年七月十二日辭世，終年七十六歲）以及史邁澤（Richard Smysh）。洛德臨走時，仍不敢向他的華裔作家妻子包柏漪透露他此行的真正目的地。季辛吉為他的秘密之旅，命名為「孛羅」（Polo）行動，以追懷十三、四世紀到中國的偉大旅行家馬可孛羅。

季辛吉一行搭乘空軍專機於七月三日抵達西貢，五日到曼谷，六日飛新德里，八日到了伊斯蘭馬巴德。在巴基斯坦首都，季辛吉演出了近代國際外交史上最有名的「遁身術」，他和巴國總統密談了九十分鐘後，即宣稱改變行程，將到巴國避暑勝地納蒂亞加利過「工作假日」。七月九日，巴國政府對外宣布，季辛吉因飲食不慎，「鬧肚子」，必須在納蒂亞加利多停留幾天。一些納悶的美國記者詢問美國駐巴大使，季辛吉既然瀉腹，為何不回到首都的冷氣房間療養？大使的答覆是，季辛吉不願使巴國政府感到「難為情」，所以仍住鄉間。另有一些較敏感的記者懷疑季辛吉到了東巴基斯坦，調停巴國與孟加拉的糾紛。

當季辛吉「鬧肚子」的新聞傳遍世界時，許多報紙都不屑一登，季辛吉平時上報的次數太多了，「鬧肚子」應該不是新聞吧！當然，他們萬萬沒有想到老季居然表演了歷史上空前的「外交屎遁」！

季辛吉一行偷偷摸摸地到了距伊斯蘭馬巴德七哩的機場，神不知、鬼不覺地搭上了一架巴基斯坦的波音七〇七噴射專機。在機上，他遇到了北京派來的迎接代表，他們是具有學者風度的美大司司長章文晉（後出任駐美大使，一九九一年二月十八日逝世，終年七十六歲）、老毛的姪女王海容、在紐約長大的女翻譯唐聞生（Nancy Tang）和禮賓司官員唐龍彬，以及執行領航任務的領隊徐柏齡、領航員劉志義和隨機報務員王今亮。專機即將飛入中國領空時，「中國人的女婿」洛德，特意坐到前面的位子，以表示他是「第一個進入中國的人」。

中共當局為了季辛吉的來訪，更是嚴陣以待。在毛澤東主導之下，周恩來擔任總提調，遴選了葉劍英、姬鵬飛（外長）、黃華、熊向暉、章文晉、王海容、唐聞生、冀朝鑄等人，組成工作小組（副外長喬冠華因病住院），在季辛吉來訪之前，全部住進北京釣魚台四號樓，工作小組的紀律很嚴，「不准紀錄、不准洩密、不准對任何人談論」。那時，中共「中央文革」的大本營，亦在釣魚台，江青住十一號樓，張春橋和姚文元同住十六號樓。

餘震不斷的「尼克森震撼」

七月九日（星期五），北京時間中午十二時十五分，季辛吉的專機在北京郊區南苑軍用機場降落。葉劍英、黃華（即將出任駐加拿大大使）、禮賓司司長韓敘（後出任駐美大使）和曾在哈佛肄業的冀朝鑄，在機場歡迎。季辛吉一行的居停處所是釣魚台六號樓。

九日下午四時三十分，周恩來到六號樓拜訪季辛吉等人，老季一行頗感興奮，認為是「好兆頭」。周恩來一面與老季握手，一面說道：「這是中美兩國高級官員二十幾年來的第一次握手。」老季說：「遺憾的是，這仍是一次不能馬上公開的握手，要不全世界都要震驚。」老季介紹隨員給周恩來，周對他們的背景一清二楚，他對何志立說：「我知道，你會講北京話，還會講廣東話。廣東話連我都講不好。你在香港學的吧？」對史邁澤說：「我讀過你在《外交季刊》上發表的關於日本的論文，希望你也寫一篇關於中國的。」對洛德說：「小伙子，好年輕。我們該是半個親戚，我知道你的妻子是中國人，在寫小說。我想看看她的書，歡迎她回來訪問。」周恩來也對兩名美國特工說：「你們可要小心喲，我們的茅台酒會醉人的，你們喝醉了，是不是回去要受處分？」

周、季第一輪會談就在六號樓進行，談到深夜十一時二十分。周隨即趕到中南海向「白天睡覺、晚上工作」的毛澤東，匯報情況。周向毛說：「今天第一輪，大家見了面，互相認識，互相

尼克森訪問中國前夕，一九七二年二月二十日出版的《新聞周刊》以身披藍色厚夾克禦寒的大陸小男生為封面。中國大陸從閉鎖到開放，從貧窮到富強，從西方媒體所嘲笑的「藍螞蟻」人潮，到狂熱搶購歐美名牌的過度奢侈，人類史上從沒有在短時間內出現如此劇變的國度！

了解對方的基本觀點。開始他們比較緊張，談到了台灣問題，為此準備了很多材料。」老毛打斷周的話，說道：「我看，台灣問題事小，世界的局勢事大。台灣問題拖一百年再談也可以，先談世界格局的大問題。」

第二天（七月十日）上午，季辛吉一行遊覽紫禁城，老季忘了帶換洗的白襯衫，乃向比他大幾號的何志立借了一件，襯衫的標籤上印著：Made in Taiwan。老季說：「我在紫禁城裡拍照，台灣卻跟我貼得那麼近。」隨員聞之，哈哈大笑，黃華莫名其妙，史邁澤向黃華說：「季辛吉的襯衫是台灣做的。」黃華聽了，也大笑一番。

第二輪會談，移師周恩來辦公的人民大會堂，雙方歧見十分尖銳，會談氣氛頗為凝重，在台灣、越戰、日本和整個亞洲問題上，兩國觀點對立、僵持。談判老手周恩來緩和了一下態度，他提議先吃北京烤鴨，吃完再談。當晚下半夜，周指派黃華與季辛吉磋商聯合公報的起草問題。周再率熊向暉等人向老毛匯報第二輪會談情況，毛批准了聯合公報的基本草案。

季辛吉苦於無法與尼克森直接聯絡請示，只得與隨員討論研判，但又怕中共竊聽，他們只好到釣魚台的花園中或在散步時「密商」對策。

七月十一日上午九時四十分舉行第三輪，也是最後一次會談。黃華提出的聯合公報草案，為季辛吉所接受，雙方亦同意美方所建議在七月十五日公開宣布聯合公報。會談中，周恩來趕到會場，繼續與季辛吉討論，決定今後雙方以巴黎為聯絡地點，由美國駐法武官華特斯將軍與北京駐法大使黃鎮聯繫，但亦繼續利用巴基斯坦這條渠道，周恩來說：「我們不能過河拆橋。」

中共對季辛吉一行招待甚周，在四十八小時停留中，愛吃中國菜的季辛吉重了五磅。他向葉劍英開玩笑說：「在三千年前，中國一定曾經把一位國賓餓死，為了歷史不再重演，中國以後都把國賓餵得飽飽的。」

七月十一日下午一時，季辛吉飛返伊斯蘭馬巴德，「肚子痛」的他又公開露面了，沒有人猜到究竟發生了什麼事？七月十二日，季辛吉飛到了巴黎，七月十三曰直奔加州聖克里門的「西部白宮」，向尼克森報告一切經過。七月十五日，白宮新聞秘書齊格勒臨時向NBC電視公司好萊塢附近的波班克電視台，借了三分半鐘時間，以便尼克森向全美發表重要演說。大家猜一定是越南問題。

一九七一年七月十五日，美西時間晚上七時三十分，「狡猾的狄克」（Tricky Dick）尼克森向全世界透露季辛吉已在七月九日至十一日秘訪北京，中國政府並將邀請尼克森於一九七二年五月以前訪華。尼克森說，他這樣做的目的是要「建立世界的永久和平」。

結果，「和平」未到，「震撼」先至，從台灣到歐洲，從日本到第三世界，「尼克森震撼」如濁浪排空，席捲全球。台灣受震最強，餘震不斷，同年十月下旬被迫退出聯合國。

從此，世界再也不一樣了！

台灣政治脫胎換骨的年代

八〇年代是台灣政治大變革的年代。時代與潮流的急遽變化，使國民黨政府在自我陶醉中朦朧地感覺到「時不我與」了！黨外人士並不因美麗島事件而冷卻爭取「出頭天」的熱潮；蔣經國的身體大不如前了，台灣呈現要「變天」的景象。

大家萬萬沒有想到的是，國民黨情治人員與黑道聯手逞凶海外的一場暗殺事件，通過美國媒體窮追不捨的深入報導，徹底改變了台灣的前途和蔣家的命運。江南之死逼迫蔣經國不得不冷靜思考蔣家第三代的接班問題、解嚴問題、開放黨禁問題以及大陸探親問題。這一連串問題使蔣經國敝精勞神、「苦其心志」。問題終於一項項解決了，蔣經國已然油盡燈枯，統治台灣近四十年的蔣家朝代也就完全落幕了。

一九七九年十二月三十一日，七〇年代的最後一天，美國與台灣的〈中美共同防禦條約〉正式告終，台灣從此必須自食其力、「自力救濟」。

蔣經國和他的父親一樣，都不太喜歡美國，父子對美國都有一種複雜的「愛恨情結」。前《中央日報》社長、前國民黨中央政策委員會副祕書長阮毅成在《中央工作日記》中記載，一九六二年十一月三日國民黨中常會討論古巴飛彈危機時，蔣介石在會上說：「美國人自命對什麼事都知道，我們去暗示他，他反而不高興。其實他所知道的，頗為幼稚。對古巴一事，我們不必多說，一則免得美國以為我們存心挑撥，二則以為我們存心觸動他，故意暴露他們過去的失策。」

儘管如此，台灣必須把對美關係列入外交戰的第一優先，沒有美國的支持，台灣難保。八〇年代伊始，一向親台的前好萊塢過氣三流演員、前加州州長雷根把背棄台灣、與北京建交的民主黨總統卡特趕下台。台灣朝野都很興奮，都一廂情願地認為雷根政府會善待台灣，甚至會改變美中台三角關係。雷根是個極端反共的人，他在四〇年代當好萊塢影星工會會長時，就是聯邦調查局的線民，專向聯調局打小報告，舉發某某人是共產黨或有親共嫌疑。另一個也愛打小報告的線民就是卡通大師華德•狄斯耐。

雷根確實很夠意思，軍售台灣亦比較積極，一九八二年四月向國會提出了售台武器零件六千萬美元案。同年五月，雷根寫了一封密函給蔣經國，重申信守台灣關係法以及拒絕接受中共所提出的軍售設限。然而，北京對美國軍售台灣問題，一直採取緊迫釘人的手法，欲迫使美國逐年減少對台軍售，質與量都要限制。雷根政府的強硬態度引發了美中（共）關係的危機，美國媒體泰半支持台灣，希望台灣能夠繼續獲得充足的防禦性武器。但雷根政府終向北京低頭，雙方簽署了〈八一七公報〉，美方表明北京政權代表唯一的中國，美方無意實行「兩個中國」或「一中一台」政策；美方將逐步遞減對台軍售，即今後軍售台灣的質與量均不能超過「現在的水平」。

親台灣的雷根處理美中關係失當，反倒使台灣遭到池魚之殃，頗受美國媒體的批評，並譏嘲〈八一七公報〉比卡特時代所簽訂的〈建交公報〉和尼克森時代的〈上海公報〉還要糟糕。因為〈八一七公報〉真正影響到台灣的國防實質利益。雷根在內心深處當然對台灣感到愧疚，他寫了幾封信給蔣經國再三表示美國會信守台灣關係法。

陳文成，一個教授之死

美國媒體平常甚少報導台灣，但八〇年代台灣島上的政治演變和兩宗謀殺案，卻使台灣成為美國媒體的熱門新聞。一些有深度的評論家並預測台灣在八〇年代將進行一系列的政治改革，台灣人會快速地掌權，而不像過去在中央部會只是當花瓶角色。

美麗島事件雖發生於一九七九年十二月，但其對台灣內部和國際形象的衝擊，在八〇年代方始劇烈凸顯出來。美國媒體認為台灣人已「等得不耐煩了」，雖則蔣經國的民主步伐比他的父親邁得更大，但台灣人要爭實權，要在政治上落實本土化的要求。一些分析家幽默地說，國民黨最大的錯誤大概就是發展經濟和普及教育，一九四九年大陸來台的統治者以為台灣人有飯吃、有書唸之後，就會乖乖地做個「順民」。沒想到台灣的一批政治積極分子、知識菁英、社會運動家和許多熱中於「民族自決」的群眾，都認為「是時候了」。他們辦刊物、開座談會、遊行喊口號，情治單位的處理不慎或不當，爆發了美麗島事件，點燃了島內外反抗運動的火種。

美國媒體密切關注美麗島事件被捕人物服刑之際，一九八一年七月初，返台探親的美國卡奈基—梅隆大學教授陳文成，被警總約談後竟陳屍台大研究圖書館後面，引起了海外媒體的強烈關注。從美國到歐洲、從日本到加拿大，海外台灣人社團同聲一致譴責國府情治機構乃是陳案的黑手，美國各大報皆報導了陳文成的離奇死亡，《紐約時報》發表了〈一個教授之死〉的評論。位於匹茲堡的卡奈基—梅隆大學是所好學校，理工科系頗出名，被國民黨情治單位視為台獨分子的陳文成的冤死，在美國學界引起了一陣抗議台灣政府壓制人權、蹂躪民主的浪潮。

可悲的是，國府情治人員根本無視於海外輿論的反應，亦漠視「一個教授之死」對台灣的國際形象的打擊，在海外仍廣布耳目，在大學校園裡收買一些留學生當「線民」，打小報告。紐約《村聲周刊》（*Village Voice*）以首頁篇幅揭發了國民黨特務在美國大學校園活動的祕聞，使國府大失顏面。《村聲周刊》是小眾媒體，非主流刊物，但一些主流媒體（如《華盛頓郵報》）亦依據《村聲》的獨家報導，暴露了台灣特務橫行美國的行徑。在美台仍維持官方關係的年代，台灣特務在美活動，雖亦受到聯調局的注意，但因台灣是友邦，聯調局乃睜一隻眼、閉一隻眼，只要未危及美國安全和利益，他們並不干涉。雙方斷交後，台灣特務並未稍加收斂，仍肆無忌憚地活動，聯調局亦未出面制止。

江南案，台灣邁向民主的契機

國府情治人員的囂張與盲動，終於導致一九八四年十月十五日利用黑道人物在舊金山灣區大理市暗殺作家江南（劉宜良）。江南是個文筆犀利的作家，著有《蔣經國傳》，他的遇刺使大家很自然地想到可能與撰寫《蔣經國傳》有關，或與他計畫著述《吳國楨傳》有些關聯。江南從事過新聞工作，又是政治人物傳記的作者，他的遇害，在美國掀起了軒然大波。一開始，美國媒體並未太在意，但在海外華文媒體的大量報導下，美國媒體亦開始注意了，尤其是案子還盛傳涉及到台灣的統治者蔣經國的兒子蔣孝武，以及台灣的情治高層和黑道分子。於是，美國主流媒體快馬加鞭地傾力追蹤，大牌記者亦親自披掛上陣深入採訪這樁跨國政治謀殺事件。

包括《紐約時報》、《華盛頓郵報》、《洛杉磯時報》在內的主流平面媒體，不斷報導和分析江南案。收視率奇高而影響力又大的哥倫比亞電視公司（CBS）王牌新聞雜誌節目《六十分鐘》，亦推出名記者黛安・索耶（Diane Sawyer）製作的一個特別報導，數千萬美國人民知道了台灣政府與謀刺江南有關。儘管國府行政院新聞局長張京育矢口否認政府涉案，但沒有人相信他的話。

當時大家沒想到的是，江南案竟是促成台灣走向民主、自由與開放社會的契機，這件謀殺案對蔣經國而言，實具「當頭棒喝」的作用，使他痛苦極了。其時擔任參謀總長的郝柏村在日記中一再提及蔣經國所受的煎熬，一九八五年一月二十日條云：「總統說：處理中美斷交，其錯在美，故理直氣壯；而今處理劉案，我理不直，故內心至為痛苦……。」蔣經國任命了五人小組以處理江南案，並與美國調查小組會商。一九八五年一月二十二日，蔣經國在軍事會談中說：「中美斷交錯在美，吾人理直，而劉案理不直，處理事難上加難、痛上加痛、苦上加苦……。」一月二十三日，蔣又對郝說劉案給他的精神壓力甚大。郝在三月十二日日記稱：「總統對於劉案實在操心已極。」

國府官方說法是謀害江南乃為情報局長汪希苓個人行為，與政府無關，但有道義責任。美國作家卡普蘭（David Kaplan）於一九九二年推出一本《龍之火》（*Fires of the Dragon*），大談江南案以及國民黨特務過去的暗殺工作。卡普蘭說，美國國家安全局已監聽到陳啟禮向情報局陳虎門處長打越洋電話報告要殺江南一事，並予錄音，同時轉告中情局，但中情局卻未通知聯調局採取保護江南的行動。

江南案之後不到一年，台灣的情治單位又出了一次大烏龍。洛杉磯《國際日報》發行人李亞頻於一九八五年九月返台時，遭警備總部以涉嫌「為匪宣傳」加以逮捕，引發美國強烈抗議，雷根政府並發表最強烈聲明要求台北立即釋放。美國媒體又多了一次報導台灣是「警察國家」的機會。

海內外風起雲湧的政治改革呼聲，愈來愈強，蔣經國已充滿了危機感，島內一批政治積極分子已體認到必須衝決羅網了。在劍拔弩張的氣氛下，蔣經國於一九八五年十二月二十五日在行憲紀念會上正式宣告他的家人不能也不會作為總統候選人，中華民國也不會有軍政府統治。一九八六年九月二十八日，民進黨在圓山飯店成立，蔣經國頗為緊張，召集高幹會商如何對付這批「偏激分子」。然而，蔣經國知道「大勢已去」了，台灣必須要變，否則後果將不堪設想，他知道唯有加速改變台灣的政治文化，才能使台灣變成一個有朝氣、有前途之地。他在一九八六年十月七日接見來台訪問的《華盛頓郵報》及《新聞周刊》董事長葛蘭姆女士（Katharine Graham，二〇〇一年七月一日辭世，享年八十四歲），親口透露台灣將在近期內解除戒嚴、開放黨禁，同時絕不採軍事統治。

《華盛頓郵報》以顯著版面報導蔣經國的談話，總統府秘書長沈昌煥對郝柏村說，這項「扭轉形勢的報導，五千萬美金都買不來的。」

台灣終於脫胎換骨了！有些史學家說，江南事件乃是拖垮蔣經國本人及其政權的最後一根稻草！

〔附錄一〕

中共提前到來的兩大勝利

中共革命建國史上，有兩大勝利來得比他們的領導人所預期的還早、還快！一是一九四九年建立江山，二是一九七一年獲得聯合國席位。

一九四八年一月中旬，國共平津戰役已進入最後階段，周恩來在河北西柏坡（中共領導層進入北平前的根據地）召集王炳南等負責外事（外交）工作的人員，要他們準備籌建外交部，周對他們說：「原來我們估計要五年才能勝利，嘿，現在看起來不用這麼長時間啦！我們和蔣介石一九四六年七月開始大打起來，才不到三年！原來我們估計要到一九五二年可能獲勝，沒想到一九四八年底就形勢大變，蔣介石完全不行了，建立新中國不遠啦！」

不僅毛澤東、周恩來沒有料到那麼快就勝利，「老大哥」史達林更是完全沒有想到。近代任何一個政權的崩盤，很少像蔣介石政府垮得那樣快速、那樣徹底！六十多年來，無數的專業及業餘史家對一九四九年的大變局，提出了各種解釋，從政治、軍事、經濟、組織、民心、社會和蔣毛的領導統御等做全面的剖析。前黨國大老陳立夫在五〇年代初避居新澤西州養雞為生，有一天民社黨領袖蔣勻田去看他，陳說國民黨之敗，「敗在無知」。當年以反蔣出名的黃埔四期軍系立委黃宇人（與傅斯年同稱「中國兩大炮」）亦認為，國民黨敗在自私與無知，尤其是無知。

什麼是國民黨的無知呢？在六十多年後看起來，這個字眼似乎有點抽象、有點不著邊際。其實，國民黨的無知就是領導層的無知，尤以「最高當局」蔣介石為最。蔣太過自信、太不會用人、太不了解他所統治的中國已變成什麼樣子，以致抗戰勝利不到四年大陸就變色。前師大歷史系教授、前中研院近史所所長郭廷以說：「政府對中共的力量估計過低，以為短期內即可以軍事解決，然後再處理經濟問題，戡亂只是一時的事。未料戰爭延長擴大，欲罷不能，惟有不顧一切，悉力以赴。」結果，國軍在戰場上兵敗如山倒，倒戈、變節與投降的將領和部隊，多得不可勝數，這也是近代中外戰場上難見的「奇景」。

國民黨文官武將投共人數之多，以及共諜的猖獗，最能反映蔣介石的領導問題。一九四九年四月底，國府海軍第二艦隊司令林遵率領二十五艘艦艇投共（中共稱為起義），中共興高采烈說，由於林遵（林則徐的侄孫）的義舉，人民解放軍方能「飲馬長江」！水面上有林遵倒戈，陸地上早就有主管作戰的國防部第三廳（參三）廳長郭汝瑰把徐蚌會戰（淮海戰役）的作戰計畫交給共軍，又有制訂作戰計畫的參謀次長劉斐中將當共諜。這樣的內戰怎麼打呢！林、郭只是蔣介石子弟兵變節的兩個例子，國民黨高層多的是像張治中這種騎牆的降將，這樣的政黨和政府，怎麼能不敗呢？

蔣介石在四〇年代末期不但有黨內文武百官叛變，七〇年代初期更遭到「忠實的美國反共盟友」尼克森的倒打一耙，而全然改變了中美台三邊關係。有些史家和政治學者認為尼克森打開中國大陸之門對亞洲局勢和中美台歷史的影響（尤其是對大陸和台灣未來的命運），比一九四九年還大。季辛吉奉尼克森之命於一九七一年七月中旬秘訪北京，嗣後美中雙方宣布尼克森將於一九七二年年初訪問中國。對台灣來說，這真是一個「山雨欲來風滿樓」的時代，三個多月後，中共就取代了台灣的聯合國代表權。

其時，中共根本沒有料到靠第三世界幫忙爭取了那麼多年的聯合國席位，竟這樣就到手。因此，當消息傳來，周恩來還對中國是否派遣參加聯大一事舉棋不定，毛澤東斷然地說：「要去，為什麼不去？」帶領先遣小組赴紐約的前新華社記者高梁（西方媒體稱他是中共特工）說：「當時，不少人，包括我自己，對形勢發展和祖國的威望與作用估計不足，認為中國席位問題當年不會解決，更未曾估計到這一天來得這麼早、這麼快。」大陸作家陳敦德亦指出，當時北京「沒有估計到第三世界的力量與美國的失控；對出席聯大，當時確實沒有一點準備。那時，外交部國際司，由最冷清的司於一夜之間變得特別重要了。」

中共在一九四九年和一九七一年的兩場大勝，失敗者與受害者都是蔣介石政府。蔣經國在一九五八年聖誕夜寫了一篇〈我們是為勝利而生的〉文章，裡面提到：「事實證明總統領導我們奮鬥的方向是絕對正確的，共匪的覆亡是必然的。」然而，情勢的發展卻和小蔣所預言的完全相反。中共不但沒有覆亡，且變成強國；台灣則從世界反共前哨淪為被國際邊緣化的孤島。我消彼長，歷史的演變常不如人意，總是帶著許多遺憾與惘然！

〔附錄二〕

中蘇共分裂導火線：八二三砲戰

中蘇共分裂是冷戰時代的重大事件之一。數十年來海內外許多學者，從各種不同角度分析這兩大共黨分裂之因，其中不少人把雙方失和歸諸於蘇方要求在中國建立長波電台以及成立聯合艦隊這兩件涉及中國主權的問題上。但大陸學者研究俄國最新解密檔案，推翻了上述說法，而認為一九五八年的金門八二三砲戰乃是分裂的導火線。

一九五八年夏天，毛澤東對蘇方建議設立長波電台（便於指揮在太平洋活動的蘇聯艦隊）及成立聯合艦隊，做出了激烈反應，他強調這兩件事有損中國的主權與尊嚴。同年七月二十二日，毛召見蘇駐北京大使尤金，當場大發脾氣，指責蘇方一貫從大國沙文主義立場對待中共，建立電台與艦隊的目的是想要控制中國。蘇共頭子赫魯雪夫接到尤金的報告後，認為毛誤解了蘇方的意思，即於七月三十一日飛赴北京向毛解釋。毛、赫進行了四次會談，經過赫魯雪夫的耐心解釋，毛怒氣始消，赫於八月三日返蘇，當天中蘇雙方還簽了一些協定。

赫魯雪夫和其他蘇共領導人沒有想到的是，毛澤東當時已決定大規模砲擊金門，赫停留北京四天，毛一個字都未透露中共將向金門開砲。二十天後砲戰打響，克里姆林宮震怒無比，蘇聯擔心美國會以武力介入而使蘇聯被中共拖下水，美蘇難免一戰。克宮更氣的是，中蘇共是軍事同盟國，中共單方面採取軍事行動卻又未告知同盟國，莫斯科領導人有被耍的感覺。九月初，蘇外長葛羅米柯訪問北京試圖要了解中共砲擊金門的真實意圖。

中共對葛羅米柯說，砲擊金門的目的只是為了要引起全世界對台灣問題的注意，並將美國帝國主義從中東引開（其時伊拉克發生政變，美出兵黎巴嫩），並不是為了進攻台灣，更不是為了挑起與美國的直接衝突。蘇方對中共的解釋，表示難以接受。面對蘇方的強烈不滿，中共宣稱如美國武裝干涉，中方願意自己承擔一切後果，絕不拖蘇聯下水，但蘇方還是非常不理解毛為什麼突然要製造第二次台海危機（第一次是一九五四至一九五五）？更不諒解為什麼不事先告知蘇方？

第二年（一九五九）九月底、十月初，赫魯雪夫利用訪美結束之便，繞道北京慶祝中共建國十週年。十月二日毛、赫及兩國其他領導人舉行會談，沒想到這場會談一下子就變成激烈的爭吵，雙方完全不顧外交禮儀和多年的「革命感情」，竟破口互罵，中共外長陳毅亦用四川話當面痛斥赫魯雪夫。

當談到台灣問題時，赫又提到了八二三金門砲戰，他痛批中共在處理一九五八年台海危機時犯了冒險主義的錯誤；並再次對中方刻意保密未通知蘇方的作法，表達強烈不滿。赫魯雪夫並以當年列寧建立遠東共和國作為俄國和日本之間的緩衝國為例，暗示毛也可用這種方式處理台海問題。毛聽了大罵說，美帝國主義一直在製造「兩個中國」的陰謀，赫魯雪夫的想法正是配合這個陰謀。

赫魯雪夫一行於十月四日離開北京，中蘇雙方在腦筋清醒後都憬悟到十月二日那次會談，雙方太過情緒化，決定銷毀各自所做的會談紀錄。但日後還是傳出各種版本的會談情況。

一九六〇年七月十六日蘇方突然照會中共將撤走數千名蘇聯顧問，兩大共黨「盟邦」正式走向全面分裂的終極點。

上海華東師範大學和華府威爾遜中心，二〇〇六年十二月下旬在上海舉行一場極有意義的超大型國際冷戰學術研討會，可惜沒有台灣學者與會，研討會題目是：「冷戰轉型：一九六〇至一九八〇年代的中國與變化中的世界」。推動此項研討會的兩大主力是華東師大國際冷戰史研究中心主任沈志華，以及從美國維吉尼亞大學嚴家淦講座教授跳槽至康乃爾大學的中美蘇關係史專家陳兼（亦為華東師大校友）。研討會上亦對中蘇共分裂做了剖析。

主編《中蘇關係史綱》的沈志華認為中蘇分裂有內外兩大因素：一九五八年的台海危機反映了中蘇在對外政策上的重大分歧；一九五九年赫魯雪夫批評毛澤東最得意的人民公社，顯示了中蘇在對內政策上的嚴重矛盾。

沈志華又指出金門砲戰觸怒莫斯科而使赫魯雪夫無法容忍有四大原因：第一、事前中共未向蘇方透露半點風聲；第二、毛試圖以實際行動向蘇方表明中共具有獨立行事的地位和能力，而如何解決台灣問題是中國內部事務，無需向別人請示；第三、以砲擊金門行動向蘇方表示不贊成蘇聯與美國改善關係；第四、中共遲不向蘇聯交出在台海空戰中獲得的一枚響尾蛇飛彈，赫魯雪夫暴怒無比。陳兼則認為：「一九五八年，中國對外關係中最具深遠影響的大事，應當是中蘇同盟關係的進一步逆轉。」

美、台高層都誤解了中共發動八二三砲戰的原因。二〇〇六年五月五日紐約《多維時報》刊出八二三砲戰擔任小金門第九師師長郝柏村的長篇訪問，郝說：「那一年，蘇俄策動了中東阿拉伯聯盟的反西方運動，故在台灣海峽製造緊張局勢，企圖將美國兵力牽制到太平洋地區……

八二三戰役亦是蘇俄在遠東地區繼韓戰之後所導演的另一次代理戰爭，意欲突破美國的圍堵戰略。」國防部史政編譯局所出版的《八二三砲戰勝利三十週年紀念文集》中的〈戰史摘要〉亦說：「迨至民國四十七年七月下旬，中東局勢惡化，赫魯雪夫、毛澤東於北平會談後，匪軍紛向我金、馬當面集結……。」

赫魯雪夫於一九五八年七月三十一日至八月三日訪問北京，使美台雙方都誤以為赫氏此行是向毛下達砲轟金門的指令。

近年來，已有一些大陸學者公開批判毛當年發動金門砲戰是一意孤行和誤判形勢，而沒有產生任何實質成果，只是恢復美中大使級會談而已。

研究中蘇共分裂，亦不能忽視毛澤東個人對史達林與赫魯雪夫的反感與厭惡，以及民族主義者的反抗本能。尤其是毛第一次訪蘇（一九四九至一九五〇），史達林所表現出的傲慢與優越感，連赫魯雪夫都覺得過分。史達林私下輕蔑地稱毛是個「窯洞裡的馬克思主義者」。

美國中央情報局在冷戰時代的最大失誤是完全沒有預判和察覺中蘇共分裂。如果中情局「能幹」一點，美國對中關係與越戰政策也許會早日呈現全然不同的面貌與走向。

〔附錄三〕

艾森豪、蔣介石與台海危機

多倫多大學政治學退休教授尚・艾德華・史密斯（Jean Edward Smith）二〇〇八年七月在《紐約時報》寫文章大捧艾森豪總統。他說，二十世紀最偉大的美國總統，除了小羅斯福（FDR），就屬艾森豪。他舉了一些例子，其中一個與台灣有關。

一九五四年四至五月間，法國軍隊在越南奠邊府遭北越名將武元甲的部隊重創，幾乎全軍覆沒。白宮國家安全會議建議美國對奠邊府投擲戰術性原子彈以解救受到圍困的法軍，艾森豪斷然拒絕。艾克（Ike，艾森豪的別號）當時說：「我們絕不能在不到十年的時間裡，兩次使用那些可怕的東西來對付亞洲人！」

史密斯又說，過了四年（即一九五八年），中共威脅對台動武時，參謀首長聯席會議提議使用核武對付中共，艾克再次拒絕。

史密斯舉這兩個例子的目的是要說明艾克雖是軍人出身，卻是一個愛好和平的總統，自韓戰停火以後，在其任內即沒有一個美軍陣亡。不過，史密斯忘記提到的是，美國軍政高層並不是僅在一九五八年（即八二三砲戰時期）第二次台海危機時始建議使用核武對付中共，早在一九五四年和一九五五年第一次台海危機時，美國軍政高層即已提議用核。即連艾森豪本人亦在配合他的鷹派國務卿杜勒斯，大玩「核戰邊緣」遊戲，而使得英國首相邱吉爾氣得跳腳。當然，在兩次台海危機中，最後決定不用核武的就是艾克。

從大陸解密資料中可以看出，中共在兩次台海危機中大舉砲轟金門，毛澤東是實際主導人，但他並無進犯台灣的計畫，甚至也沒有奪取金門的意圖，毛對金門的戰法是：「打而不登，封而不死。」令人注意的是，在兩次台海危機中，毛最擔心的是與美國發生直接武裝衝突，因此他三番五次下令嚴禁中共部隊攻擊美艦和美機，毛的指令是：「只打蔣艦，不打美艦」。

一九五四年秋天台海爆發危機，美國參謀首長會議於九月十二日建議使用核武對付中共。同年十二月二日，美台簽訂共同防禦條約，翌年二月美國參院予以批准。一九五五年春天，台海危機結束，美中台三方都自認「有所斬獲」。美方認為處理得當，未爆發大戰，亦未動用核武；台灣則慶幸與美國簽訂共同防禦條約，中共如侵台，美方必會協防；但有得亦有失，台灣從此不能片面反攻大陸；中共自認大贏，奪取了一江山島，又迫使國府自大陳撤退，武場得勝，文場又傳佳音，美國終於同意和中共舉行雙邊會談（先在日內瓦，後在華沙）。

一九五八年第二次台海危機爆發，艾森豪內閣決議：如台灣和澎湖受到威脅，美國將不惜用核，參謀首長聯席會議主席丁寧（Nathan F. Twining）空軍上將在內閣會議中表示，美國準備在廈門一帶投擲數枚小核彈，駐防關島的五架B-47型重轟炸機隨時待命升空。艾森豪最後否決了這項建議。

美國在兩次台海危機中一直在「核戰邊緣」（nuclear brinksmanship）和「大舉報復」（massive retaliation）的雙重恫嚇中威脅中共。據資料顯示，中共「確實有被嚇到」，但也促成毛澤東決心發展核武，以期不再受核恫嚇。而蘇聯在兩次台海危機中袖手旁觀，亦加深了中俄共的裂痕。

不過，前芝加哥大學政治學教授鄒讜（前國民黨大老鄒魯之子，連戰、邵玉銘等人皆為其學生，一九九九年八月七日去世，享年八十歲）則認為蔣介石亦非省油的燈，在兩次台海危機中表現不俗，成功地「玩弄」了艾森豪政府，迫使美國支持台灣防衛金馬，簽訂共同防禦條約，不僅使金馬台澎維持現狀，且又絲豪無損國府的主權。

艾森豪雖在冷戰時代支持台灣，但他亦曾動過讓中共進入聯合國的腦筋。史丹佛大學華裔近代史教授張少書（Gordon H. Chang）及其他學者，也從艾克檔案中看到他嘲諷並奚落蔣介石和國府的信件與談話。

民國長河中的弄潮者

末代皇帝溥儀的婚姻

文武百官的三跪九叩，沒完沒了，我的哭叫也越來越響。我的父親只好哄我說：「別哭別哭，快完了！快完了！」

我糊里糊塗地做了三年皇帝，又糊里糊塗地退了位。

——愛新覺羅・溥儀《我的前半生》

國際電影界「鬼才」、義大利名導演貝托魯奇（B. Bertolucci）編導的《末代皇帝》，能夠既叫座又叫好，一九八七年一舉囊括九項奧斯卡金像獎的理由，除了片子拍得好、劇情吸引人之外，最主要的原因是：在中國歷代二百八十多個皇帝中，愛新覺羅・溥儀是最為西方人所熟知的一個中國天子。在西方人的筆下，他是亨利・溥儀（Henry Pu Yi）、是「兒皇帝」（Boy Emperor），也是「最後的滿清」（Last Manchu）。

溥儀雖然只坐了三載龍座，但卻「名滿天下」。由於他的戲劇性生涯：三歲登基、倉皇離別北京、做日本人傀儡、淪為戰犯、受中共思想改造等。因此，他又是一個「謗亦隨之」的近代傳奇人物。

在六十一年的歲月裡，溥儀享過榮華富貴，也嚐盡人間悲酸。在朝代遞嬗的歷史循環中，溥儀命中註定只能扮演一個悲劇性的角色；在排山倒海而來的革命洪流中，這位清季第十個皇帝也必然會成為舊時代的小浪花。「落日樓頭，斷鴻聲裡」，溥儀的黯淡身影，畢竟只能在「紫禁城的黃昏」中，留下淒涼的一抹。

溥儀在一九六四年出版的自傳《我的前半生》裡，對他「從天子到平民」的一生，有著詳盡的敘述。雖然，這部書的真正作者並不是溥儀本人，而是李文達，但無損於該書的真實性與可信度。李文達在接受訪問時指出，當年為協助溥儀撰寫《我的前半生》，他共翻查了一噸重的資料，觀看了二百米長的縮微膠卷，箇中甘苦自不待言。但看到該書已被譯成十多種文字，影片又在國際影壇打響，他也有一份滿足感。參與《我的前半生》英譯工作的英國學者詹納（W. J. F. Jenner）說，他曾當面問溥儀有關他的回憶錄內容，溥儀完全答不出來。詹納又說，在訪談過程中，溥儀一直在抽煙，身上全是煙灰。

歷史電影和歷史小說，絕不是真正的歷史；貝托魯奇的《末代皇帝》與歷史上的溥儀，仍有相當的距離。我們無法在電影中或小說裡捕捉到溥儀的「幽靈」；我們只能在故紙堆中追摹這位中國歷史上的最後一個「皇上」。

在溥儀坎坷顛沛的生命中，充滿著許多爭論性的事蹟和傳聞，其中最引人矚目的就是他的婚姻生活。因為溥儀一生中曾正式娶了五位妻子（婉容、文綉、譚玉齡、李玉琴和李淑賢），但是，在一些史學家的筆下，溥儀又是一位同性戀者。亦有史家認為溥儀智商很低，如同弱智。

現在，我們就從「小圈圈裡的黃圈圈」說起。

洞房夜臨陣脫逃

溥儀在一九二一年（民國十年）年初，剛過十五歲的時候，開始選后徵妃，歷時兩年始有「定奪」。同治和光緒時代，選后的辦法是以候選的姑娘站成一排，由未來的新郎當面挑揀。溥儀說：「到我的時代，經過王公大臣們的商議，認為把人家閨女擺成一排，挑來挑去，不大妥當，於是改為挑照片的辦法：我看著誰好，就用鉛筆在照片上做個記號。照片送到了養心殿，一共四張。在我看來，四個都是一個模樣，身段都像紙糊的桶子。每張照片的臉部都很小，實在分不出醜俊來，如果一定要比較，只能比一比旗袍的花色，誰的特別些。」

溥儀說他「不加思索地在一張似乎順眼一些的相片上，用鉛筆畫了一個圈兒」。他畫的是比他小三歲的文繡（又名惠心），這是溥儀的「母親」（養母）、同治的妃子敬懿太妃（即瑜妃）所中意的。然而，溥儀的另一位「母親」、光緒的妃子端康太妃（即瑾妃）卻極不高興。溥儀說，端康太妃不顧敬懿太妃的反對，「硬叫王公們來勸我重選她中意的那個，理由是文繡家境貧寒，長得不好，而她推薦的這個是富戶，又長得很美。」瑾妃推薦的就是婉容（字慕鴻，英文名伊莉莎白），和溥儀同庚。於是，聽話的溥儀就又在婉容的相片上用鉛筆「畫了一下」。

但是，溥儀在內心深處說：「我想，一個老婆我還不覺得有多大的必要，怎麼一下子還要兩個呢？」在祖制的要求下，溥儀不得不「一下子」要了兩個：婉容當皇后、文繡做妃子（淑妃）。

在《我的前半生》中，溥儀對他的「洞房花燭夜」有一段頗耐人尋味地描述。這段敘述文字，有些史家認為是溥儀有「斷袖之癖」的明證之一。

穿西服的溥儀與皇后婉容合照。拍這張照片時，他們兩人的關係已出現「緊張狀態」。

溥儀說：「在這鬧哄哄之中，我從第一天起，一遍又一遍地想著一個問題：『我有了一后一妃，成了家了。這和以前的區別何在呢？』……按著傳統，皇帝和皇后新婚第一夜，要在坤寧宮裡的一間不過十米見方的書房裡度過。這間屋子的特色是：沒有什麼陳設，炕占去了四分之一，除了地板，全塗上了紅色。行過『合巹禮』，吃過了『子孫餑餑』，進入了這間一片暗紅色的屋子裡，我覺得很憋氣。新娘子坐在炕上，低下頭，我在旁邊看了一會，只覺著眼前一片紅：紅帳子、紅褥子、紅衣、紅裙、紅花朵、紅臉蛋……好像一灘溶化了的紅蠟燭。我感到很不自在。坐也不是，站也不是。我覺得還是養心殿好，便開開門，回來了。我回到養心殿，一眼看見了裱在牆壁上的宣統朝全國各地大臣的名單，那個問題又來了：『我有了一后一妃，成了人了，和以前有什麼不同呢？』被孤零零地扔在坤寧宮的婉容是什麼心情？那個不滿十四歲的文綉在想些什麼？」

傅儀在自傳中坦誠地表示：「由於我整天昏天黑地、神神顛顛，對家庭生活更沒有一點興趣。我先後有過四個妻子（其時尚未娶李淑賢），按當時的說法，就是一個皇后、一個妃、兩個貴人。如果從實質上說，她們誰也不是我的妻子，我根本就沒有一個妻子，有的只是擺設。雖然她們每人的具體遭遇不同，但她們都是同樣的犧牲品。」

曾在遠東採訪多年的美國老牌記者阿諾德・布萊克曼（Arnold C. Brackman），在一九七五年出版的《末代皇帝》（一九八〇年出版平裝本時，易名為《北京的囚徒》）一書中，曾對溥儀的「性心理」有所描述。他說，溥儀在新婚之夜的「臨陣脫逃」，「也許首次意識到：從他在搖籃中到青少年時一直撫愛過他的太監，已經戰勝了他，而且，似乎在為他們的悲慘際遇報復。現代心理學家一般都視同性戀為內心衝突的表徵，或為遺傳的、生物的、文化的和環境因素之副產品。由太監撫養，並與異性戀世界相隔絕的溥儀，其性的變態，恐係源於環境因素。」

美國作家馬康・波西（Malcolm Bosse）於一九八八年二月二十八日的《紐約時報書評週刊》上亦指出，溥儀實際生活的複雜性，包括了受太監支配的童年、無力可回天的青年、被放逐的中年和沒沒無聞的晚年。波西說，其間，「包括了五次婚姻以及與許多男女兩性私通」。

熟知清宮軼史的王慶祥在《偽帝宮內幕》書中說：「溥儀在居住上最大的特點是獨居，無論皇后、妃子或貴人都沒有資格與他住在一起。他高興了，可以在妻子們的臥室中留宿，但可憐的后妃們卻不得隨意跨進溥儀的寢宮。」王慶祥在〈末代皇后〉的長文中透露：「溥儀自己每天睡覺前都要注射荷爾蒙激素的。」王氏又說：「溥儀使用的餐具要求絕對乾淨，給他端過飯的人都深知一條戒律：不許用手摸碗邊。每次使用之前還必須用開水沖燙碗邊。」

下堂求去斷情緣

婉容、文綉與溥儀的婚姻生活是無足觀的。文綉於一九三一年在天津要求與溥儀離婚。溥儀說：「她在那種環境中敢於提出離婚，不能不說這是需要雙重勇敢的行為。」文綉離婚獲准之後，溥儀身邊的遺老要求他發個「上諭」，將文綉淑妃貶為庶人。開中國歷史上皇妃離婚先河的文綉，後來在天津當小學教員，終身未再結婚，死於一九五〇年。一說曾再婚，死於一九五三年。

文綉的下堂求去，主要的原因是與溥儀既無感情可言，又遭婉容的極度排斥。然而，婉容在宮中的處境亦乏善可陳。在溥儀的長期冷淡下，婉容只有靠吸食鴉片過日子，只有在煙霧繚繞中，她才能忘卻孤獨、疑慮和憂愁。溥儀說：「自從她把文綉擠走之後，我對她便有了反感，很少和她說話，也不大留心她的事情。」一九四六年，形容枯槁而又患有精神病的婉容，病死於吉林。

溥儀在《我的前半生》中所沒有提到的是，婉容在「夕殿螢飛思悄然，孤燈挑盡未成眠」的煎熬下，不但煙癮極重，而且先後與溥儀的兩名侍衛（一姓祁、一姓李）通姦。婉容與李姓侍衛曾「暗結珠胎」，但女嬰在出生之後即夭折。據王慶祥說，居中為婉容拉線讓祁、李二人入「帷帳」的，是婉容的哥哥和她的佣婦。

在皇后婉容終日纏綿煙榻、文綉早已高飛遠颺之際，溥儀於一九三七年（民國二十六年）經北京一個親戚的介紹，取了第三位妻子、十七歲的旗人初中學生譚玉齡。也就是慶貴人。但是，譚玉齡與溥儀的共同生活是短暫的，譚女的下場是悲慘的。戰後在東京戰犯大審中，溥儀曾在法庭上大聲指控日本人謀殺譚玉齡。

愛新覺羅・毓嵣說：「譚在宮內只生活了四年多一點。一九四二年患了膀胱炎，又引起了重

一九二二年，溥儀本來看上文綉，想選她當皇后，但遭幾個太妃的反對，認為文綉「長相不好，家境不好」，壓迫懦弱的溥儀另挑婉容為后。文綉被冊封為淑妃，一九三一年與溥儀離婚。

病，先由宮內的中醫和溥儀的御用西醫黃子正（台大心理系教授黃光國的父親）治療，後來又找來滿鐵醫院的日本醫生小野寺來診治，又給打針，又給輸血，忙個不停。不知何故，那個『帝室御用掛』吉岡安直（負責監視溥儀的關東軍高參）和日本醫生嘀咕了一氣，就停止了打針和輸血。過了一宿，這位二十二歲的慶貴人就香消玉殞了。莫怪溥儀於一九四六年在日本東京遠東國際軍事法庭上，為此事而痛哭流涕，因為她的死確實是個謎。」

其實，譚玉齡的橫死，極可能與她的反日、抗日思想有關。溥儀的一段話，可為佐證：「由於我犯了疑心，就不由得回想起譚玉齡的生前。在生前她是時常和我談論日本人的。她在北京念過書，知道不少關於日本人在關內橫行霸道的事。自從德王那件事發生後，我有時疑心德王亂說，有時疑心日本人偷聽了我們的談話。譚玉齡的死，我不由得又想起了這些。吉岡在譚玉齡死後不久的一個舉動，更叫我聯想到，即使不是吉岡使了什麼壞，她的死還是和關東軍有關的。譚玉齡剛死，吉岡就給我拿來了一堆日本姑娘的相片，讓我挑選。」

溥儀決定不聽吉岡安直的擺布，寧可自己挑一個「妃子」。於是，他選了十五歲的漢人李玉琴為「福貴人」，這是他的第四個妻子。一九四五年，「滿洲國」垮台，溥儀成了俘虜，李玉琴被遣送回長春老家。一九五六年，李玉琴到撫順戰犯管理所看溥儀，要求離婚。據毓嵣說：「由於在戰犯管理所，不能辦理離婚，所以在一九五七年溥儀到長春參觀第一汽車製造和偽（滿）皇宮時，才和李玉琴在寬城小區法院正式辦了離婚手續。」

之前諾諾，之後清算

李玉琴改嫁後，發表了一些回憶文章。她在〈我做「皇娘」的日子〉長文（後收入《溥儀離開紫禁城以後》）中說：「我和溥儀結婚後過了兩年半的日子，一點夫婦感情也沒有。……我在偽宮內住了兩年半，除了溥儀，我所能碰到的男人只有看病的大夫，還見過一次吉岡（安直）和梅津（美治郎），此外再也沒有見過其他的男人。……我什麼都得聽溥儀的，否則就是不忠。他說什麼我得諾諾連聲。和他睡一起，我連個身也不敢翻，恐怕碰著他，影響他休息。」

李玉琴說：「從外表看，溥儀倒是儀表堂堂，說話聲音也很響亮，給人以威儀大方的感覺。可是內心膽小如鼠……貪生怕死……打人罰人是『家常便飯』。」

在六〇年代中期文革爆發的時候，李玉琴曾到溥儀所住的北京協和醫院，找患有癌症的溥儀「算帳」。

一九五九年九月十七日，中共為

周恩來接見溥儀、李淑賢夫婦。有人情味的周恩來一直很關心「末代皇帝」的生活，他和護士李淑賢的婚姻亦是由周恩來所安排。

慶祝建國十週年，對「確實已經改惡從善的戰爭罪犯」等囚徒頒布特赦令；十二月四日，溥儀獲釋，九日由瀋陽抵達北京。第二年三月，出任中國科學院植物研究所北京植物園園丁；一年後調任為政協文史資料研究委員會北洋組專員。

一九六二年四月三十日，溥儀第五次結婚，對象是北京關廂醫院外科護士、杭州人李淑賢。在〈溥儀和我〉的文章裡，李淑賢說：「一九六二年一月間，由於文史專員周振強（曾任蔣介石衛士隊隊長）和人民出版社編輯沙曾熙的熱心撮合，我和溥儀相識了。……由於溥儀過了幾十年『衣來伸手，飯來張口』的帝王生活，嚴重缺乏獨立生活的能力。……他洗臉、吃飯都很不留心，新衣服剛穿上就掉了飯粒，沾了油污，很快變髒了。洗臉也灑水，洗完臉則連整個上衣也全濕透了。」

據李淑賢（一九九七年辭世）說，她一直懷念與溥儀的五年婚姻生活。一九六七年十月十七日，溥儀因癌症不治逝世，臨終前，這位飽嘗憂患的「末代皇帝」對他的妻子說：「我這一世，當過皇帝也當過平民，歸宿還好，現在總算是走了盡頭！」

從滿清末帝、復辟稱帝到偽滿皇帝的三上三下，從婉容的瘋死到文革時期與李淑賢的共患難，溥儀始終活在時代的風暴中。他的一生像一面落地大窗，透過這個窗口，我們可以看到中國歷史的飛砂走石和變幻風雲。

日本侵華三大特務

二〇一〇年九月二十一日，四名日本藤田建設公司職員因涉嫌擅自進入河北省石家莊一處軍事管理區錄影而被逮捕，其中三人已獲釋，高橋定後來才得自由。這則消息很自然地令人聯想到從十九世紀九〇年代至二十世紀四〇年代中期，日本在國力贏弱的中國所發動的各式各樣的諜報活動，以及由日本政府、軍方、半官半商機構和民間團體在華進行的多管道滲透工作。

良雄在《戴笠傳》（上冊，台灣傳記文學出版）中說：「實際上，日本間諜，並不止是一個特務機關，他們的外務省、內務省、參謀本部、海軍軍令部、憲兵部，以及朝鮮、台灣總督府，均負有間諜任務，甚至是旅日華僑、新聞記者，亦多與間諜組織有關。這些部門，各自有其間諜系統，所施手法，不盡相同。」除了良雄所說的上述特工組織，在中國東北的南滿鐵路株式會社即是一個多功能的侵華機構，其重要任務之一就是諜報活動。

近代日本侵華諜報史上有所謂「三大特務魁首」，他們是被稱為「第一個中國通」的青木宣純（一八五九～一九二四）、「竹機關」負責人土肥原賢二（一八八三～一九四八）、「梅機關」主腦影佐禎昭（一八九三～一九四八）。青木畢業於日本陸軍士官學校砲科，因閱讀《三國誌》而開始研究中國，通曉漢語，一八八四年被派駐廣州擔任特務，三年時間即能說一口流利粵語。後派駐北京，歷經甲午戰爭、義和團事變、日俄戰爭，與袁世凱關係密切，袁說：「青木是唯一可靠的日本人。」青木對中國的滲透、諜網布建、拉攏親日派，以及深入了解中國文化、社會、歷史、政治、語言等能力，被日後日本在華特務首腦尊為開路先鋒。青木不僅負責刺探中國情報，亦蒐集俄國在華活動情報。王振坤和張穎合寫的《日特禍華史》（北京群眾出版社）說，青木「在北京的住宅稱為『青木公館』；數年後他的助手坂西利八郎接替他，又稱『坂西公館』；又過數年，坂西利八郎的助手土肥原賢二接替坂西，又稱『土肥原公館』，日本情報史稱之為『三大公館』時期」。

土肥原賢二於一九〇四年畢業於日本陸軍士官學校步科十六期，與侵華要角坂垣征四郎、岡村寧次以及山西軍閥閻錫山等同學，被認為是在華從事間諜活動的第三代日本特務頭子，對中國的傷害又大又深遠。他能說流利中國話和數種方言，善於交際應酬，與不少中國政要建立了微妙的私人關係。號稱「豪爽而又講義氣」的土肥原與關東軍高級參謀河本大作是暗殺東北軍閥張作霖的主要幕後人物。土肥原又是建立滿洲國、促成溥儀出山當日本傀儡、策劃華北自治的幕後主角。戰後遠東國際軍事法庭於一九四八年判決甲級戰犯土肥原死刑，十二月二十三日成為第一個走上絞刑台的日本戰犯。

影佐禎昭於一九一四年畢業於日本陸軍士官學校砲科，一九二五年以軍職身份至東京帝國大學研修政治，以中國問題為專業。一九二八年被派往中國，出任日本駐上海領事館武官，從此在日華關係上扮演一個關鍵角色，一九三八年二月奉東京參謀本部之命，專事負責汪精衛集團的策反聯絡。一九三九年四月護送逃至河內的汪精衛到上海，策劃建立汪政權。一九三九年八月並在上海北四川路成立「梅機關」，後出任汪政權最高軍事顧問。戰後被中國政府提名為戰犯，但因患肺結核住院而未受審。一九四八年九月病死。

日特務高官被刺

「梅機關」主要是負責華中地區特務工作；另有「華北五省特務機關」。一九四〇年五月十七日，華北五省特務機關長吉川貞佐少將和數名日軍軍官在河南開封川陝甘會館被國共特工人員刺死，震撼日本軍政界。

日本侵略中國在戰場外進行的所謂「沒有硝煙」的戰爭，不只是間諜戰，更包括策動一批親日媚日的中國人當漢奸。而在抗日戰爭中，漢奸人數之多、層級之廣、活動範圍之大，殆為國史上所僅見。非唯政客、武夫當漢奸，不少學者、作家等知識分子和技術官僚亦甘心賣身投靠。良雄在《戴笠傳》（上冊）中指出：「抗戰之前，由日本所派遣之間諜，與所豢養之漢奸，可說遍地皆是。只在（民國）二十五年一年，經（國府）特務處所發現的間諜與漢奸組織，就有七十九個之多，而零星諜奸，尚不在內。……其由日本各特務機關所派遣之個別間諜，潛伏於我政府機關與民間者，更無從知其確數。」

同時兼具漢奸與間諜雙重身份者亦頗不乏人，其中尤以學問、文章、才華均屬一流而又為梁啟超、汪精衛和蔣介石所賞識的行政院高級機要秘書黃秋岳（名濬，以字行，一八九〇～一九三七）最出名。黃為福建侯官人，但據掌故作家高拜石在《古春風樓瑣記》中說，黃秋岳本籍台灣，其父黃彥鴻，光緒十六年（一八九〇）庚寅科進士，後在北京作官。一八九五年甲午戰爭台灣淪日，住在北京的黃彥鴻把籍貫改為福建，黃秋岳從小即有「神童」之稱，四歲識字，七歲能詩，曾就讀京師譯學館（北京大學前身），留學日本早稻田大學。梁啟超（任公）曾聘其為秘書，能詩能文，頗受陳寶琛、嚴復、林紓、陳衍等福建同鄉父執輩賞識，又為梅蘭芳講述歷史，潤色唱詞。曾任《京報》主筆，又嘗為《中央時事週報》撰寫掌故。

黃秋岳於一九三五年獲福建同鄉、國府主席林森推介由北京南下，出任南京政府行政院秘書。一九三七年七月二十七日，國府海軍部長陳紹寬在行政院院會上建議封鎖吳淞口，集中砲火擊沉停泊長江的數十艘日艦。命令下達後，日艦卻事先聞風逃逸，顯係有人走漏消息。蔣介石下令軍統嚴查，發現是黃秋岳及其任職外交部的兒子黃晟洩密，黃氏父子於一九三七年八月二十六日同被處死。黃秋岳做漢奸又當間諜的原因，一般說法是其生活糜爛，又養小老婆，揮霍無度，乃被日本駐南京總領事須磨彌吉郎擺布。

黃秋岳遺著被推崇

黃秋岳的賣身賣國，也許不只是生活上的問題，還有人格上的缺陷、國家觀念和民族意識的淡薄。黃秋岳死後多年，黃家將其文稿《花隨人聖盦摭憶》付印。

史學大師陳寅恪一九四七年讀到此書，賦詩歎息：「當年聞禍費疑猜，今日開編惜此才。世亂佳人還作賊，劫盡殘帙幸餘灰。」又說：「秋岳坐漢奸罪死，世皆曰可殺。然今日取其書觀之，則援引廣博，論斷精確，近來談清代掌故諸著作中，實稱上品，未可因人廢言也。」文學大師錢鍾書亦有詩惋惜黃秋岳「失足真遺千古恨，低頭應愧九原逢」。歷史小說家高陽說他「詩文皆妙，腹笥甚寬」，作家梁羽生稱他「有文無行」。一九六五年，旅美學人楊聯陞和房兆楹共同向香港龍門書店高伯雨推薦重印《花隨人聖盦摭憶》；一九七九年，台北聯經出版社經高陽（許晏駢）和蘇同炳推介，分三冊出版；一九八三年，上海古籍出版社影印一九四三年版出書，同年上海書店重排出版；二〇〇八年，北京中華書局增補出版。

黃秋岳、黃晟父子叛國伏法是在抗戰初期的一九三七年八月。一九三九年八月，日本在上海成立「梅機關」，指揮極司菲爾路七十六號「中國國民黨剿共救國特工總部」。汪精衛到上海後，這個特工總部即改為「國民黨中央執行委員會特務委員會特工總部」，丁默邨為特工總部主任，李士群為副主任，主要任務是和重慶軍統、中統對抗。

前軍統特工陳恭澍在《抗戰後期反間活動》（台灣傳記文學出版）一書中說：「抗戰時期的上海，出現了一個『七十六號』，前後存在六年之久，真個是壞事做盡，稱得上罪惡淵藪了。」陳恭澍說，國府特工在抗戰時期裁制漢奸的行動，因時間倉促，又常在緊急狀態下進行，因此出了一些差錯，如一九三四年在天津欲殺吉鴻昌，卻誤中劉紹勳；一九三八年在北平制裁對象是王克敏，卻殺死其日本顧問山本榮治；一九三九年在河內未殺死汪精衛，卻打死曾仲鳴。

黃秋岳在《花隨人聖盦摭憶》中說：「彼邦（指日本）早慣於勾買無恥，施技刺探。」他明明知道日本人會「勾買」中國人，「刺探」中國情報，他自己卻跳進了火坑，做了「無恥」之徒，這是中國文人與政客的悲哀，難怪史學大師陳寅恪要感歎「世亂佳人還作賊」！

抗戰時代的漢奸

忠奸問題，在歷史上一直困擾著中國人的良心。二次世界大戰結束以後，有些國家（如法國）亦受到忠奸問題的糾纏，但論其強度、廣度與深度，皆無法與中國的「漢奸」相提並論。

從一九四五年九月至十二月，經過三個月的時間，「軍統」在中國南北各地的緝奸之作，共捕獲有漢奸罪嫌者四千六百九十二人，其中移送各地高等法院審理者四千二百九十一人，移送軍法機關審理者三百三十四人，移送航空委員會訊辦者二十四人，在押病死者四十三人。良雄在《戴笠傳》中說：「自二十六年（一九三七）始在關內出現偽組織，八年之間，依存於敵人的城狐社鼠，難以數計，戴氏所逮捕者，共不過數千人，故論者以為過寬。其實，這是整飭紀綱，而不是報復。」

「漢奸」特別多的原因，主要是日本侵華時間過久，「下海」者不在少數；另一個原因是中國國情複雜，中日兩國人民的關係亦時冷時熱。伊利諾大學教授易勞逸說，在戰爭期間，兩國人民都以「高度的愛憎心情」相互對待。因此，一方面你殺我砍，另一方面又有和平運動；一方面鯨吞蠶食，另一方面又有傀儡政權。此外，漢奸的成因與背景亦各有不同：

一、國民黨內部權力鬥爭失敗者，如汪精衛；

二、一開始就反對國民黨者，如王克敏；
三、原本即親日者，如殷汝耕；
四、在上海淪陷區被迫與日本人合作者，如一群資本家；
五、與日本關係曖昧者，如吳佩孚、唐紹儀等人。

甘於自毀光榮歷史？

在芸芸漢奸中，被認為最具代表性的有十個人，他們是汪精衛、陳公博、周佛海、褚民誼、陳璧君、羅君強、王克敏、王揖唐、梁鴻志、李士群。這十個「大奸」裡面，有些在早年參加過推翻滿清的革命，有過一段光輝的歷史；汪精衛、褚民誼、陳璧君是老同盟會會員，特別是「慷慨歌燕市，從容作楚囚，引刀成一快，不負少年頭」的汪精衛，聲名尤為顯赫；陳公博與周佛海，更是中國共產黨創黨人士。

曾在汪精衛政府中擔任高職的金雄白（筆名朱子家），在《汪政權的開場與收場》中說：「這一個政權，自一九四〇年三月三十日創建，以迄一九四五年八月十日沒落，其間經過了五年四個月又十二天的壽命，失敗了，消散了。於是在成王敗寇的原則下，一般人對之蓋棺論定：『汪政權的創建，是醜惡的話劇，其性質是被敵人驅策的傀儡。』但是仍然也有人發生了疑問，像汪氏這樣的人，真會為了利祿或者為了意氣，甘心於出賣國家民族，以自毀其半生光榮的歷史嗎？」

一九四三年十月，躺在日本名古屋帝大附屬醫院的汪精衛，口授〈最後之心情〉遺言，由其妻陳璧君筆錄。汪氏稱他組織政府乃是「不得已之手段」，實行對英美宣戰是一種「權宜之計」，「惟對解除不平等條約與收回租界等事宜，得以因勢利導者，率得行之。」由於汪精衛的遺書至今未發現手稿，其真實性受到懷疑。汪氏於十一月十日病死，其遺棺運回南京，偽政府予以「國葬」，埋骨於明孝陵前的梅花山。一九四六年一月中旬，國府工兵炸開汪墓，將其遺體運往清涼山火葬場火化。

汪精衛（兆銘）是一個才華洋溢的美男子，有領袖氣質，也有政治野心，但個性軟弱，缺乏果斷。汪精衛與蔣介石的權力鬥爭，是從一九二六年「三二〇事件」汪受到蔣的排擠之後開始的，在汪、蔣的分分合合中，汪一直在蔣之下。蔡德金在《汪精衛評傳》中說：「汪精衛深知，他要改變現狀，成為國民黨實際權力的掌握者，唯一之途是依靠外國帝國主義的支持。而日本帝國主義者正是利用了汪精衛的領袖欲，扶汪反蔣，支持其成立偽中央政府，誘使汪精衛投入其懷抱。」

近幾年來，中國大陸史學界掀起了一陣汪精衛政權的研究熱潮，出版了數十種專書，水平不齊，內容互異，但方向是一致的，就是鳴鼓撻伐「一代巨奸」汪精衛。然而，這些著作的「砲口」除了對準漢奸之外，也對準了國民黨，他們認為國民黨在抗戰勝利後不願意追拿漢奸，有意放縱漢奸。浙江人民出版社出版的《汪偽受審紀實》說：「由於重慶國民黨政府的包庇重用，淪陷區出現了這樣的怪現象：周佛海派系的漢奸，彈冠相慶；他們作為國民黨政府的新貴，威風不減當年，特別是漢奸政府內供職任事的所謂『地下人員』，更是飛揚跋扈，胡作非為，淪陷區的百姓怨聲載道。當時社會上流傳的『人民哭，漢奸笑』的兩句話，正是實際情況的寫照。」

中共宣稱在他們的推動下，國民政府始改變既定方針，嚴懲漢奸。一九四五年九月下旬，國民參政會常委會舉行會議，通過了「請政府嚴懲漢奸，本忠奸不兩立之訓，貫徹到底，以伸正義，而維民族氣節案」和「請政府迅將懲治漢奸法規切實執行案」並送交國民政府。十一月九日，《大公報》發表「快辦漢奸，嚴辦漢奸」的社論，向國府提出質問，指出懲辦漢奸是「關於民族氣節、國家體面的大事，絕不容馬虎延宕，而在執行上又非太困難太複雜的事，有什麼不可以速辦的地方？」

但國府的說詞是，由於淪陷區太廣，四鄰多壘，加上種種複雜因素，使肅奸工作成為一大棘手之事，「正因其難，所以全面肅奸重責，獨由戴笠一肩任之」。抗戰時，全國淪陷地區，多至二十餘省，除東北以外，已經建立組織的在十五省以上。軍統局在淪陷地區都有工作組織，對各地的漢奸活動，有較為完整的資料，良雄說：「重要的汪氏軍隊與組織人員如周佛海、鮑文樾等，唯獨軍統局可以掌握運用這些條件，為任何機關之所無。於是戴氏便成為一最適當的負責人選。」

座上客成了階下囚

在整體的捕奸過程中，軍統主要採取了誆騙誘捕和以奸肅奸兩種手法。在進行逮捕時，絕大多數漢奸和漢奸頭目，都是被軍統以誘騙誘捕的方法加以捕獲。軍統編就了厚厚一本《漢奸題名錄》，利用漢奸對蔣介石「抱有幻想」的心理，讓他們辦理自首登記，隨後分期召見，予以扣留。

華北地區的捕奸，則較富戲劇性。一九四五年十一月下旬，戴笠親自到北平布置逮捕漢奸。十二月五日，平津兩地同時進行，當天下午，北平諸漢奸收到華北政務委員會委員長王蔭泰署名的晚宴請帖，晚上八時，群奸畢至，正當「宴客」開懷暢飲時，戴笠當場拿出一份名單，向這些

一九四一年年底，汪精衛在南京和納
粹德國外交官舉杯祝酒。汪政權亦採
用國民黨的黨旗。

人宣布說：「從現在起，你們都是被捕的人犯，我們準備把大家送往監獄。這是中央命令，本人不能做任何主張。」座上客頓時成了階下囚。事情來得太突然，群奸六神無主，王克敏精神一緊張，即癱坐在沙發上，早已部署在現場的軍統幹員，立即把群奸押上汽車。軍統用這種手法抓了王蔭泰、王克敏、王揖唐、汪時璟、周作人、殷汝耕和齊燮元等一批頭號漢奸。

廣東是汪精衛多年刻意經營的地方，汪死後，由陳璧君親自坐鎮。戴笠知道陳璧君素性傲且悍，如操之過急，可能生亂子，於是他先偽造一封蔣介石的電報，由另一軍統特務頭子鄭介民送給廣東省省長褚民誼，請他陪陳璧君去重慶，共商廣東善後事宜。電報中仍如過去稱陳璧君為汪夫人，措辭也很溫婉，褚民誼為之心動，而陳璧君則將信將疑。鄭介民又往晤褚民誼，請他決定行動，以便派專機到廣州相迎，鄭怕褚生疑，還出示密電來，請他查閱。褚民誼信以為真，力勸陳璧君去重慶。幾天後，鄭介民再派人去通知「二奸」，言專機已到，希即成行，陳璧君見來人說話「誠懇」，遂與褚民誼隨來人前往機場，車行至珠江橋畔，才知上當，即遭軍統逮捕。一九四五年十月十四日清晨，廣州白雲山機場一架中型運輸機載著褚民誼、陳璧君及隨從數人，直飛南京。

一九四六年四月十五日，江蘇高等法院刑事庭開庭審訊，褚民誼的答辯書及附文，洋洋一萬多字，對汪精衛大加吹捧，說他「為人克勤克儉」、「為黨為國為民，有勇猛精進、鞠躬盡瘁、死而後已之精神。」又說：「幸有汪先生其人者，不顧一己之安危，拾吾人不入地獄誰入地獄之宏態，根據我黨二十七年漢口臨時代表大會之宣言，響應近衛聲明而發艷電，始而復黨，繼而組府。」實為「仁人君子」。褚亦不忘為自己開脫，聲稱他並不管事。八月二十三日，褚在蘇州監獄被處死。

汪政權中被逮捕審判的人，不是諉責於被迫參加，就是大談事先與國民政府有默契的「假投敵」；或者列舉在汪政權中與重慶暗通款曲、供給情報、保護國府地下工作人員的「立功」事實，態度「老實」，以求脫罪或從輕發落。但陳璧君卻與眾不同，她的驕橫傲慢，一如既往，根本否認汪政權的賣國行為，堅持認為汪政權是一個政治問題，而非法律問題。在滔滔不絕的辯訴中，她時而對當局抨擊，時而對法官譏嘲，有時近乎申反，常使檢察官狼狽不堪。一九四六年四月二十二日，陳璧君被判無期徒刑；一九四九年五月中共占領上海，陳璧君由蘇州監獄移送上海提籃橋監獄，繼續關押；十年後，也就是一九五九年六月十七日，陳璧君病死於上海監獄醫院。由於上海沒有她的直系親屬，其遺體由一遠房親戚收殮；火化後，骨灰送往廣州，由其在香港的子女派人到廣州領取。

投機分子周佛海

汪政權中，除了汪本人，當以陳公博與周佛海最突出。陳公博參加汪政權，完全是效忠「汪先生」的表現，與親日思想或政治野心無關；陳氏一開始即反對汪精衛單獨與日言和，更反對汪離開重慶，但汪的代表高宗武、梅思年與日方代表影佐禎昭、今井武夫在上海重光堂簽署〈日海協議紀錄〉等文件時，生米已煮成熟飯，陳公博再反對，也是無濟於事了。陳璧君甚至對陳公博說：「你反對，那你做你的蔣介石的官去！」

一九四四年十一月十日，汪精衛病死日本後，陳公博繼任行政院長兼軍事委員會主席、代理主席等要職，但並無實權。一九四五年八月二十八日，陳氏偕其妻李麗莊等人逃往日本，後被引渡回國，翌年四月被判死刑。四月三日被槍決前，陳氏在牢中整整衣冠，取了一把自用的茶壺，走到陳璧君的牢房，送給她留作紀念，並向陳鞠躬告別說：「我先隨汪先生去了！」陳失聲大哭。

陳公博死前，曾寫一封信給蔣介石，陳在信中說，他至死仍「懸懸放不下的還是一個共產黨問題，因為這個問題，關係到國家前途，關係到黨的前途，更關係到先生的前途……。」

在逮捕和審判漢奸的高潮中，唯有周佛海及其親信羅君強等人逍遙法外。周佛海與重慶的關係最深，在加入汪集團以前，曾在蔣介石侍從室擔任要職，有強烈政治野心，與戴笠、陳布雷等人頗有交情。周氏是個大投機分子，早在太平洋戰爭爆發之後，他就預想到汪政府前途黯淡，於是便開始向重慶頻送秋波，表示悔悟前非，願立功贖罪。後來，周設了兩座秘密電台和國民黨聯絡，一座電台與戴笠直接掛鈎，另一座電台和第三戰區司令長官顧祝同聯繫。

一九四五年八月，周佛海受國府軍事委員會的委任，擔任軍委會上海行動總隊總指揮，負責維持上海及滬杭一帶治安。周氏認為「總指揮」官銜太小，致電蔣介石請求改任「總司令」，不久，重慶即任命他為上海行動總司令部總司令。戴笠到上海後，幾乎每天到周家深談。九月二十七日，國府正式開始拘捕汪漢奸，戴笠勸周電呈蔣介石「請准辭職」，把警察、軍隊之權及中央儲備銀行等全部交給戴笠，然後離開上海，到重慶去靜養一段時間。

周佛海到重慶後，開始被軟禁在嘉陵江畔的一幢小洋房。當時周氏認為他在汪政府後期有功於重慶，且有戴笠這個實力人物保護，應無生死之憂；「人算不如天算」，戴笠於一九四六年三月十七日撞機身亡後，周氏被移至重慶土橋監獄。周佛海得知戴笠的死訊後，凄然嘆道：「雨農（戴笠字）死，我也完了。」

一九四六年年初，上海《文匯報》發表一封讀者來信稱：「周佛海怎麼樣了，我要為淪陷區同胞大哭！」要求懲處周氏。秋天，周佛海、羅君強和丁默邨等被押至南京，關在老虎橋監獄。高等法院借南京夫子廟大殿為法庭，問審周佛海，審判長是南京高院院長趙琛（趙來台後曾任總檢察長）。

趙琛問周：「你人離渝隨汪，參加汪的組織，是否為了想做部長？」周答道：「審判長是知道的，我做部長做夠了，民國十八年我就做了中央民眾訓練部部長，民國二十七年我又代理了中央宣傳部長。我並不是稀罕做部長而參加南京政府的。」檢察官指控周犯為「通謀敵國，圖謀反抗本國」之罪，周氏答辯道：「我參加南京政府的前半段，是『通謀敵國，圖謀有利本國』。因為民國二十八年底我隨汪先生離重慶時，唯一的國際通道滇緬公路被英國封鎖，英美兩國，仍然對日本一味撫綏；抗戰形勢，極度危險，我希望與日本直接談和，以挽救危亡。我參加南京政府後半段的情節，是『通謀敵國，圖謀不利敵國』。在與日本直接談判之後，我發覺日本並無誠意，我更通謀了本國，希望做些不利於敵國之事。」

高院判處周佛海死刑，周妻楊淑慧到處求情，陳果夫、陳立夫聯合寫信給蔣介石，請求免其死刑，信中說：「惟周於勝利前一年所表演者，全能依照第三戰區預定計畫，例如派羅君強為上海市長，丁默邨為浙江省主席，在京滬一帶暗中布置軍事頗為周密，勝利後更使江浙兩省不致盡陷於共黨之手，國府得以順利還都運兵至華北各地，不無微功。」陳布雷幫楊淑慧安排謁見蔣，楊由國防部保安局長毛人鳳陪同，至南京蔣介石官邸見蔣。楊淑慧一見到蔣，立刻跪在地上求情，蔣介石對楊說：「這幾年，對東南的淪陷地帶，還虧了佛海，我是明白的。起來，安心回去吧，讓他再在裡面休息個一兩年，我一定會讓他再歸來的。」楊淑慧聽了蔣介石這幾句話，趕忙磕了三個響頭，才隨毛人鳳離開官邸。

蔣介石在一九四七年三月二十六日頒布減刑命令，將周佛海的死刑減為無期徒刑，一九四八年二月二十八日周氏心臟病發作，死於老虎橋監獄。

小漢奸審大漢奸?!

「十大漢奸」中另外五人的下場大同小異：羅君強於一九四七年三月被判無期徒刑，一九七〇年二月二十二日「保外就醫」中去世；王克敏在戴笠的鴻門宴中嚇得倒在沙發上，一九四五年十二月二十五日，服毒自殺，死於北平炮局監獄；王揖唐被捕後在獄中得知主審官何承焯是他的老部下，做過華北政務委員會法官訓練所教務主任。開庭時，王揖唐當庭大聲指責何承焯說：「你不配審我，華北淪陷時期，你在我的手下任過事。你是我的部下，就是小漢奸，哪有小漢奸審大漢奸的道理？」何承焯當庭受辱，後來被停職處分，國府改派吳盛涵為主審官，王揖唐被判死刑，一九四六年九月十日在北平姚家井第一監獄槍決，王氏身中七彈始斃命。

組織過「中華民國維新政府」，後又在汪政權中擔任監察院長的北洋老政客梁鴻志，於一九四六年十一月九日在上海提籃橋監獄被槍決；李士群做過國民黨的特務，也做過汪政權的特務頭子，一九四三年九月被毒死。據周佛海說：「李士群替敵人作爪牙，危害中央工作人員很多，戴笠局長通知我設法剷除，使工作人員減少困難和危險，我便和羅君強、熊劍東磋商，歷四月之久……才把他毒斃。」偽政權的其他要角繆斌、梅思平、林柏生、丁默邨等人也都被槍斃；何應欽的兒女親家、浙江省長兼綏靖主任項致莊，亦遭槍決。

抗戰時，不願隨北大南遷的著名散文家周作人，擔任過北大文學院院長、華北政務委員會教育總署督辦。一九四五年十二月被捕，胡適曾為其辯護，周被判十年徒刑；一九四八年農曆除夕，國府以局勢逆轉，提前釋周，一九六六年十一月病逝北京。

時代的悲劇性產物

抗戰時代的漢奸問題，不是一個單純的民族氣節問題或忠奸問題。目前，已有部分史學家從不同的角度來研究這些漢奸，探討他們在各自的「漢奸角色」上，有沒有正面的貢獻和積極的意義，而不盡然是傳統定義上的「巨奸」和「負國之臣」。

為什麼汪政權的漢奸和華北政權的一些漢奸，被判刑時或被處決前，常有「不服判決」的表示？為什麼他們都強調常和重慶秘密聯繫？為什麼抗戰結束之初，國府仍不願意懲治漢奸？這些都是歷史的疑竇，猶待史家繼續追蹤。

漢奸是歷史的悲劇產物，它反映了一個時代的側面，一頁令人感傷的興衰與浮沉。

附注：有關漢奸審判實況，請參閱龔選舞著：《一九四九國府垮台前夕》（台北，衛城，二〇一一年出版）。龔老一九四六年曾以《中央日報》記者身分親自採訪漢奸南京受審。

美麗特務鄭蘋如

抗戰時代汪偽政府統治下的上海十里洋場，發生了一樁驚心動魄的「諜對諜」事件。美貌的國民黨中統女特務鄭蘋如謀刺汪偽特工頭子丁默邨未遂而壯烈犧牲。作家張愛玲根據這段真實事蹟創作了〈色，戒〉，不過將男女主角改名換姓，並把內容予以故事化和小說化。李安改編自張著的電影《色｜戒》使鄭蘋如（王佳芝）和丁默邨（易先生）重現人世，同時亦引發了華人社會對汪精衛政權的好奇與興趣。

有些文學史家說，張愛玲的〈色，戒〉題材來自於她的前夫胡蘭成，因胡曾是汪精衛的文膽，又在汪政權做過行政院法制局長和《中華日報》總主筆，應熟悉鄭蘋如事件，但張愛玲本人從未透露她的故事來源。實際上，最早把鄭蘋如謀刺丁默邨事件公諸於世的是五、六〇年代旅居香港的汪政權老人金雄白。金氏以朱子家筆名在《春秋》雜誌上連載《汪政權的開場與收場》，頗受海內外的重視。後來《汪政權的開場與收場》結集六冊出書，風行一時，日本亦將此書譯成日文，改名《同生共死之實體——汪兆銘之悲劇》。《汪政權的開場與收場》已被公認為是有關汪政權的一部經典之作，此書是由香港吳興記書報社印行，現已絕版，數年前台灣曾出現重印本。

令人聞之色變的七十六號

金雄白（一九〇四～一九八五）為江蘇青浦（今屬上海）人，是個資深媒體人，一九三〇年即任南京《中央日報》採訪主任，亦當過律師。一九三九年投靠汪政權後，歷任法制、財經方面多項職務，並曾任《中報》總編輯。一九四五年抗戰勝利後以漢奸罪名被捕入獄，一九四八年獲釋，翌年移居香港，此後卜居香港與日本。一九七三年曾創辦《港九日報》，一九八五年一月五日病逝日本，除了《汪政權的開場與收場》，另著有《記者生涯五十年》（上下冊）、《黃浦江的濁浪》、《亂世文章》（五冊）、《女特務川島芳子》及《春江花月痕》等。

金雄白說：「汪政權的一幕，是時代的悲劇。而重慶與汪方的特工戰，非但是悲劇中之悲劇，卻又是悲劇中的滑稽劇。」三〇年代末，汪政權在上海極司菲爾路七十六號成立特工總部，從此，「七十六號」成為人人聞之色變的殺人魔窟。主持七十六號的兩個高級特工李士群（一九〇七年生）和丁默邨（一九〇三年生）早年曾是共產黨，叛黨後加入國民黨，再投靠汪政權。李士群組建汪政權特工機關時，邀丁默邨參加，丁大李四歲，特工經驗豐富，但丁、李兩人權鬥不已。

一九三七年七月號（一百三十期）上海《良友》週報封面人物是個艷光照人但名不見經傳的「鄭女士」，不僅讀者不知鄭女士為何許人，即連編輯亦不清楚。雜誌出版一個多月後，國民黨上海市黨部常務委員、調查統計室負責人陳寶驊（陳果夫、陳立夫的遠房姪兒），在一次社交聚會上結識了正就讀上海法政學院的鄭蘋如。陳寶驊想盡辦法吸收鄭女為國民黨中統（另一特工系統為軍統）特務，鄭女終於答應，成為中統在敵偽地區最有價值的女特務。

鄭蘋如當時還不滿二十歲（一九一八年生），她是浙江蘭溪人。父親鄭鉞，留學日本法政大學，老同盟會員，是于右任的好友；鄭鉞留日時與日本女子木村花子（後取中國名字鄭華君）結婚，育有三女二子，鄭蘋如排行老二，上有一姊，下有兩弟一妹。鄭鉞曾執教復旦大學，做過律師，歷任江蘇、山西和福建等地高等法院檢察官，一九三八年兼任最高法院上海特區法庭檢察官。

鄭家於一九三五年年初搬進上海呂班路萬宜坊八十八號（萬宜坊即今重慶南路二〇五弄），著名出版家鄒韜奮亦住於此弄。鄭蘋如加入中統後，最早的任務是利用其流利日語以及日本關係蒐集高層情報。鄭蘋如活躍而又能幹，她首先獲悉汪精衛即將投靠日本的情報。一九三八年八月，鄭女從日本首相近衛文磨的談判代表早水親重那裡聽到「汪氏將有異動」消息，立刻由她的直屬上司嵇希宗電告重慶；同年十二月再急電重慶，但重慶方面未予重視。直至十二月二十九日汪精衛出走河內，發表「艷電」，重慶才意識到鄭蘋如的價值。

鄭蘋如工作積極，立功心切，她利用機會「勾引」正在上海的日相近衛的兒子近衛文隆，甚至動起綁架的念頭。近衛文隆曾在一九三八年年底「失蹤」四十八小時，日本特工軍警大為緊張，原來是被鄭蘋如藏起來。此次失蹤事件後，日本特工開始

抗戰時代美麗間諜鄭蘋如。鄭蘋如二十二歲（一九四〇）殉職，她的母親鄭華君一九六六年病逝於台灣，蔣介石曾頒發〈教忠有方〉輓匾，鄭蘋如的妹妹鄭靜芝曾做過多年監察院長于右任的祕書。

注意鄭女的活動。中統亦在此時指派鄭女與七十六號頭子丁默邨周旋。

金雄白說：「在汪政權中，太多醇酒婦人之輩，而『七十六號』的特工首領丁默邨，尤其是一個色中餓鬼，他雖然支離病骨，弱不禁風，肺病已到了第三期，但壯陽藥仍然是他為縱慾而不離身的法寶，他當年與女伶童芷苓的繾綣，早成公開秘密，而鄭蘋如間諜案，更是遐邇宣傳。」丁默邨曾任上海民光中學校長，而鄭蘋如曾就讀該校，鄭女即利用此「師生之誼」接近丁氏。一九三九年冬，中統急於剷除丁默邨，下令鄭女早日動手。一日，鄭邀丁氏至她家小坐，中統特工準備動手，但座車駛至鄭宅門前，丁氏婉拒上樓，失去良機。

諜對諜，膽大還得心思縝密

一九三九年十二月二十一日，丁默邨在滬西朋友家吃飯，電邀鄭蘋如赴會。吃完飯，丁說要去虹口，晚上與周佛海和日本特務影佐禎昭有約。鄭女與丁同車，在車上鄭女突要求丁氏陪她去靜安寺路與戈登路（今江寧路）的西伯利亞皮貨店買一件皮大衣，算是送她的聖誕禮物。車到靜安寺路一一三五號西伯利亞皮貨店門口，丁陪鄭進去，鄭在挑大衣時，丁突將一疊鈔票扔在櫃台上說：「你挑吧，我有事先走。」立即從另一道門衝出去，奔向座車。在街上等候的中統特工沒想到丁氏會這麼快出來，丁氏衝進防彈車內，特務匆忙中向座車開槍，惜為時已晚。胡蘭成說，丁氏是在進店內時看到兩個形跡可疑的人，心裡起疑，才立即打退堂鼓。

但是丁默邨在一九四六年受審時表示，他和鄭蘋如是在進店內時，中統特工即先開槍，他快速閃躲後逃回防彈車。特務繼續射擊座車，但他安然無恙。中統特工在皮貨店附近埋伏時，李士群的爪牙亦在旁伺機「助陣」，準備把丁幹掉。因中統上海區副區長張瑞京被李士群逮捕，洩露了中統謀刺丁默邨的機密。

鄭蘋如膽大心不細，她打電話給丁氏表示「安慰」，丁氏發狠話說：「你算計我，馬上來自首，否則殺你全家！」鄭女急忙解釋說她也被嚇壞了，完全不知道有敵人行兇。丁氏假裝相信，但已下決心抓她。皮貨店事件後第三天，汪偽特工總部第三行動大隊隊長林之江率二十多名爪牙直撲滬西舞廳逮捕鄭蘋如。一說鄭女驅車至七十六號找丁而被丁的親信林之江抓起來。

據說丁默邨並未想殺掉鄭蘋如，而是一群汪偽高級特工的妻子紛紛跑到七十六號「瞧瞧」鄭蘋如長得什麼模樣後，一致要求殺掉這個「妖精」。這群悍妻包括丁氏妻子趙慧敏、李士群之妻葉吉卿和吳世寶之妻佘愛珍（佘愛珍後在日本與張愛玲前夫胡蘭成結婚），後來連汪精衛的妻子陳璧君和周佛海之妻楊淑慧等一群「漢奸婆」也都跑到七十六號去看落難的鄭蘋如。主張殺鄭最力的是丁妻趙慧敏。鄭女臨難不屈，林之江（後逃至香港）在獄中多次企圖污辱鄭女而未達目的。一九四〇年二月一個黑夜，林之江把鄭女帶至滬西中山路旁荒地開了三槍，鄭蘋如死時實歲才二十二歲。

丁默邨於一九四七年二月八日被軍法庭判處死刑，七月五日處決。趙慧敏戰後帶了一個裝滿金條的皮包去鄭家乞憐，遭鄭家峻拒。李士群一九四三年九月被日本憲兵毒死於蘇州。

鄭蘋如死後，其姊一九四二年病逝（所生女兒王蓓蓓後住台灣），其父一九四三年辭世。鄭女的未婚夫是國府空軍軍官王漢勳，一九四四年犧牲於桂林；大弟鄭海澄亦為國府空軍軍官，一九四四年死於重慶空戰；二弟鄭南陽是醫生，一直住在上海，上世紀八〇年代初移民美國，二〇〇三年去世。鄭蘋如的母親鄭華君、妹妹鄭靜芝（天如）和妹婿舒鶴年（亦為空軍）一九四八年十二月遷居台灣。鄭母一九六六年八十歲去世時，蔣介石曾頒「教忠有方」輓匾；妹妹鄭靜芝一直擔任其父好友、國府監察院長于右任的秘書，後移民洛杉磯。

抗戰勝利後，文學家鄭振鐸曾在一九四五年十月六日出版的《周報》上以〈一個女間諜〉為題追悼鄭蘋如，他說：「為了祖國，她不止幾次出生入死，為了祖國，她壯烈的死去！比死在沙場上還要壯烈！」遺憾的是，今天知道鄭家一門忠烈和鄭蘋如捨身赴義事蹟的人太少、太少了！

蔣介石與何應欽關係錯綜

何應欽（敬之）將軍於一九八七年辭世，享年九十七歲。國民黨黨國元老吳稚暉（敬恆）對何的評語是：「具大將的才能，有福將的命運。」

從一九二四年（民國十三年）六月十三日出任黃埔軍校少將總教官，到一九四九年（民國三十八年）五月三十日辭卸行政院長，在四分之一世紀的軍政生涯中，歷經東征、北伐、抗日的何應欽的確是一員大將，既能決戰千里之外，亦擅運籌帷幄之中。在「侯門深似海」的中國近代官場上，何應欽也是一名不折不扣的福將，能夠在猜疑剛愎的蔣介石的陰影下屢獲重用，又可在派系傾軋的軍界與政壇上持盈保泰。

何應欽是一個絕頂聰明的人，他在一九一六年（民國五年）秋天自日本士官學校卒業返國，投身貴州軍界之始，即知道如何開創他自己的道路。吳敬恒對他的評語，從「後」見之明的角度來看，可說是一語中的。其實，「大將」與「福將」是一而二、二而一之事；徒有大將的才能而無福將的命運，常會使戰功彪炳和功高震主的軍人飲恨沙場甚或潦倒官場，例如中國的孫立人和美國的巴頓將軍。在另一方面，有大將的品質而又兼具福將的運道，則常能步步高陞、左右逢源，即便是噩事驟至，亦可避凶趨吉，終脫逆境。

在何應欽的一生中，最能顯示其大將與福將相依相存的例子，就是他和蔣介石的關係。

何應欽與蔣介石雖在日本振武學校（蔣介石並未讀過日本士官學校）為先後期同學，後又在滬軍都督陳英士麾下共過事，但蔣、何真正開始雙雙嶄露頭角則是在黃埔軍校時代。一九二四年，孫中山任命蔣介石為黃埔軍校校長、何應欽為總教官、王柏齡為教授部主任。

蔣、何關係錯綜複雜，不為世人所知的「內幕」極多，就如同一部中國近代史一樣，公諸於世的史料只是冰山的一角，大部分的材料仍未公布或永遠也不會公開。蔣介石從未坦陳他對何應欽的看法，謹慎小心的何應欽亦從未在白紙黑字上留下他與蔣介石共事數十年的感觸。

在文獻不足徵的情況下，回顧蔣、何之間的關係，仍是值得嘗試的。特別是影響到近代中國發展的兩樁大事。

桂系逼宮埋下心結

一九二六年七月九日，國民革命軍正式誓師北伐，蔣介石獲何應欽、白崇禧、李濟琛、李宗仁、譚延闓、朱培德、李福林、程潛和唐生智等人以及共產黨之助，北伐節節勝利。一九二七年四月十二日，蔣介石在上海開始清剿共產黨（清共）。在武漢的國民政府（以汪精衛為首）宣布與南京國民政府（以蔣介石為首）敵對，這就是著名的寧漢分裂。戰或和的爭議在蔣介石的陣營中爭議紛紜：蔣堅主西征討漢，但桂系（以白崇禧為主）主和。一九二七年夏秋之交，蔣決定討伐武漢，但桂系暗中聯合胡漢民制蔣，從旁掣肘。

據與何應欽關係密切的李仲公所寫的回憶錄說：「一日，蔣召白崇禧與何應欽，力言非先定武漢不能北伐，而白崇禧持異議力陳不可。蔣忿然說：『這樣，我就走開，讓你們去和好了。』白崇禧便說：『我看此時為團結本黨，顧全大局計，總司令離開一下也好。』蔣顧（望著）何應欽，而何默不作聲，蔣便拂袖而起說：『好，好，我就走罷！』蔣就負氣於次日赴奉化。這就是舉世皆知的白崇禧扮演『逼宮』的一齣滑稽戲的真相。」

蔣介石是一個絕不輕易氣餒的人。他在官場上雖暫時失意，但在情場上卻大大得意！據陳布雷編的〈蔣介石先生年表〉的記載，一九二七年九月二十八日，蔣介石自滬東渡日本；十月，「至神戶訪謁宋太夫人商談婚事」；十二月一日，蔣介石與宋美齡在上海外灘大華飯店（Majestic Hotel）結婚。從此肇始了近代中國蔣家與宋家「君臨天下」的局面。這一年，蔣介石四十一歲。

蔣介石「奪得美人歸」之後，又開始意氣風發了。一九二八年元月，回到上海準備重登政治舞台了。李仲公在〈我所知道的何應欽〉一文中說：「一日，我在南京接著邵力子的信：『介公有事請兄來滬一談。』我即赴滬去見蔣（他臨時住在法租界吳忠信的寓所），見面，除了要我復任中央執行委員會書記長之外，即問我說：『你見了敬之沒有？』我說：『敬之已來滬，但還未見著。』蔣就聲色俱厲地說：『現在馮煥章（馮玉祥）、閻百川（閻錫山）對我的擁戴電已經發出，我準備即日入京，為什麼他還不發！你去問他，他在打什麼主意？』……我聽了知事不妙，就替何解釋說：『沒有別的，這正證明敬之對於政治感覺之遲鈍，我就去催他立刻發出好了。』蔣說：『好！』」

李仲公將蔣介石的怒氣轉告了何應欽。何氏說：「我就不像他那一套獨裁制的作風，第一軍擁戴電，我得先問一問經扶（劉峙）、墨三（顧祝同）等前方將領，因為他們的覆電還沒有到，故而未發。」李仲公對何說：「他上次因為健生（白崇禧）逼他走，你未曾支持他，已經對你不滿了，你這樣做，豈不更增加了他對你的疑心……。」何應欽只好請李仲公代他草擬了一通擁戴

國民黨黨國大老吳稚暉（敬恆）形容何應欽（右）：「具大將的才能，有福將的命運。」但何應欽一生總是活在蔣介石的陰影中，有些史家說，何敬公（應欽）錯失了除蔣的大好時機，那就是西安事變時不敢派飛機到西安把老蔣炸死！一生謹慎自持的何應欽畢竟不是魯莽、造次的軍人。

電文發出。

一九二八年元月中旬，蔣介石調何應欽為總司令部參謀長，從此無實際帶兵權。何頗為不悅。李仲公在蔣、何之間打圓場，何始勉強就任。李仲公在蔣介石的徐州臨時行營（徐州飯店）見蔣。李的回憶是：「蔣第一句話就問我：『你來時見過敬之嗎？』我說：『見過。』蔣說：『敬之講些什麼？我調他做參謀長就不就？』我說：『他痛自引咎，一切惟總司令之命是聽，如何不就。』蔣說：『他就就好。』於是激昂地說：『你去告敬之，不要打錯主意；上次白健生逼我，如果他說一句話，我何至於下台。他要知道，而且必須知道，沒有我蔣中正，決不會有何應欽。他怕白崇禧，難道就不怕我蔣中正嗎？這次的擁戴電，他竟遲遲不發，是何居心？……』又重複幾次地說：『沒有我就沒有他，他必須知道。』接著又大叱一聲說：『叫他滾出洋去罷，看我離了他行不行！』我聽了這些話，知蔣對何應欽不止猜疑而且痛恨已達極點，就把何不懂政治，不認識革命環境，頭腦簡單，行動遲緩……這一類的話婉曲地向他釋釋；並說：『敬之不但沒有異心，也不敢有異心。』」

這一段一九二七年至二八年間的陳年往事，可說是蔣介石對何應欽由信到疑、由貌合到神離的開始。但由於蔣介石肯定何不敢公然造反，亦為了繼續培養尚未豐滿的羽毛和鞏固黃埔系勢力，蔣仍不斷重用何；何應欽則更加戒慎恐懼，甚至在軍政部任內一個營長的任命，都要簽請批示；對於黃埔子弟之進退擢黜，亦要通過蔣所直接領導的核心組織「黃埔同學會」的管道，始敢簽呈。尤其是關於黨國大計，何應欽更是不敢造次，常效金人之法三緘其口。

西安事變再添新仇

在蔣、何關係史上，第二次發生「緊張」情況是在一九三六年十二月「西安事變」期間。「少帥」張學良和楊虎城發動兵諫，劫持蔣介石的消息傳至南京之後，群龍無首的中央政府大為震動。十二月十二日事變發生當晚深夜十一時半，南京中央舉行常務委員會臨時會議及中央政治委員會聯席會議，席上對於事變的處置方法分成甲乙兩派。孔祥熙在《西安事變回憶錄》中說，甲派認為張楊的背景複雜，用心叵測，既出以劫持統帥，則必以蔣之生死為政治上之要挾。因此，中央既不能曲從其狂悖，陷國家於淪胥；尤不能過於瞻顧蔣之安全，置國家綱紀於不顧。認為應該立即討伐張楊，示之以懲罰。這一派的領導人是蔣介石的好友、考試院長戴傳賢（季陶）和何應欽。乙派則認為張學良既有保證蔣之安全電報，自須先探此中虛實，再定萬全決策，況張楊只以抗日為範圍，則自有商量和說服的餘地。因此，這派不主張立即動武。

據司馬桑敦（王光逖）的《張學良評傳》說：「當時，蔣夫人宋美齡和行政院前院長孔祥熙（庸之）均在上海，一時不能立下結論；於是，會議只先議決：遞奪張學良的本兼各職，交軍委會嚴辦；另在中央人事上，決由孔祥熙代理行政院長，由何應欽負責調動軍隊。」其時，孔祥熙雖代理行政院長（院長為蔣介石），馮玉祥為軍事委員會副委員長，但實權完全操在何應欽手中。

一九三六年十二月十六日，南京國民政府下達討伐令，並特派何應欽為討逆軍總司令，以劉峙和顧祝同二人分別出任東西路集團軍總司令。討伐令頒布後，中央軍即自西推進，並派飛機連續轟炸渭南、三原。大編隊飛機數度低飛掠過西安，但未投彈。對於中央空軍的轟炸行動，張學良大為不滿，要求蔣介石致函何應欽，停止轟炸。

五、六〇年代在紐約哥倫比亞大學教書的何廉，在〈西安事變前後〉一文中說：「蔣夫人又在中央軍校演說，居然提出說主張討伐的別有用心，以是何敬之只好噤口不言，戴、居（居正）兩位老先生只發乾急和悶氣。」宋美齡對南京最感不滿的是，「中央諸要人，於真相未明瞭以前，遽於數小時內決定張學良之處罰，余殊覺其措置太驟。而軍事方面復於此時，以立即動員軍隊討伐西安，毫無考量餘地，認為其不容諉卸之責任，余更不能不臆斷其為非健全之行動。」宋美齡這番牢騷的主要對象，就是戴季陶和何應欽。

張學良本人亦於十二月十八日致電何應欽：「惟委座（蔣介石）南歸，尚待商榷。在此時期，最好避免軍事行動，弟部初未前進，而貴部已西入潼關，肆意轟炸，果誰動干戈耶？誰起內戰耶？……」

李仲公在〈我所知道的何應欽〉長文中，一口咬定何應欽在西安事變之際，「準備篡位登台」。李仲公說：「獨有外間所不知道的兩件事，就是在他估計蔣即不死於轟炸也必將被中共殺掉的情況下所做的具體安排：一是在事變後的第三天密派他的兄弟何輯五飛西南去找劉湘和龍雲替他捧場（輯五剛抵成都而事寢）。一是與王伯群（何應欽之妻兄、曾任交通部長）密商擬訂所謂『統一黨國、革新政治』的方案。」方案的要點為何應欽出任軍事委員會委員長。

前南伊利諾大學史學家吳天威（二〇〇五年卒於加州）在〈西安事變與近代中國歷史的大轉折〉一文中說：「其實，主戰者未必有個人野心。戴為蔣之至友，又是文人，當然無野心可言。何亦為蔣之患難之交，事實證明蔣未因何在西安事變時主戰而對何不再信任，不予重用。……西安事變後蔣之迅速獲釋不能不歸功於南京方面之『軟硬兼施』政策之成功。」

不過，許多在近代史的橫流中浮沉過的人則認為，何應欽在西安事變中的表現，促成了蔣介石決定培養陳誠（辭修）以取代何應欽的決心。然陳誠其時聲望仍遠遜於何，故蔣仍必須重用何應欽以進行抗日戰爭。

一九四五年九月九日，何應欽以中國戰區陸軍總司令身分在南京主持日軍投降，這是他一生文事武功的最高峰。自一九四六年至四九年大陸易手，何氏雖歷任中國駐聯合國軍事代表團團長、戰略顧問委員會主任委員、國防部長和行政院長等重要職務，但皆無實際權力。即以國防部長而論，當時正值國共內戰轉劇，上有蔣介石直接干涉指揮系統，下有悍將驕兵不聽指揮，國防部長只是虛設而已。

史學家吳相湘（二〇〇七年卒於美國伊利諾州，享年九十五歲）稱何應欽具有溫良恭儉讓的德性，李仲公也說他「對人謙恭和藹，少有惡言急色，對朋友極有禮貌，對學生、部屬不擺架子，這種態度作風，恰與妄自尊大、驕恣專橫的蔣介石相反，故人緣頗好，在黃埔系中頗得人心。」

一九四九年到了台灣，何應欽即以壯年之身（時年五十九）完全投閒置散，除了擔任總統府戰略顧問之外，只有在童子軍總會、紅十字總會、道德重整會和三民主義大同盟等職務中，度過近四十年的林下歲月。不僅是何應欽如此，其他隨蔣介石到台灣的老將領亦皆「位尊而無權」：白崇禧、顧祝同、薛岳、孫連仲、徐永昌、李品仙等人，都只好掛劍封印，從旁觀看孫立人、陳誠與周至柔的興衰和蔣經國的繼承父業。

一生出將入相又克享高壽，何應欽兼具大將之才與福將之命，在近代中國可說不作第二人想。蔣介石活了八十七歲（一九七五年卒），何應欽活了九十五歲，這是敬之唯一贏過介石之處。

貌合神離的總統與副總統

養文臣帷幄無謀，
豢武夫疆場不猛；
到今日山殘水剩，
對大江月明浪明，
滿樓頭呼聲哭聲。

——孔尚任〈桃花扇〉

一九七五年四月七日，蔣介石死後第二天，《紐約時報》發表長篇社論評蔣的一生功過。社論第一段即指出：「在群雄並起的時代中，勇敢而又剛毅的蔣介石並未真正統治過中國。」一九二七年北伐成功時，蔣介石即矢志要統一全中國，但在二十二年之後，他完全失敗了。蔣介石是一個極端迷信武力的人，他堅信唯有憑恃軍事始能剷除大小軍閥，完成統一大業。

傳統史家探討蔣介石的事功和志業，常以「北伐、抗日、剿共」作為他畢生的三大「豐功偉業」。其實，北伐只是蔣在中國歷史舞台上嶄露頭角的開端。從政治的角度來看，北伐是一個「為德不卒」的軍事行動，既未達到統一全國的終極目標，反倒開創日後軍閥內爭、國共內鬥的先河。上海清黨、寧漢與寧粵之分裂，即為「軍事北伐、政治南伐」的後果。進一步而言，蔣介石恆以金錢收買軍閥和土豪，誘使他們歸順中央的措施，乃是其「統一」中國的假象：事實上，許多軍閥雖向蔣表態，但仍舊維持本身的兵力和地盤。若非日本在一九三一年製造「九一八事變」，激起中國人民同仇敵愾之心，復在一九三七年發動「七七事變」，引發全民抗戰，則中國可能永遠只是一個「地理名詞」而已。

蔣介石的出身、背景、教育和思想，使他看不清造成中國貧窮、落後和分裂的癥結，也觸摸不到時代跳動的脈搏。他不從經濟、社會與政治等方向入手，以解決中國所面臨的基本問題；而他所主持的國民黨亦從一個進取有為的革命政黨，淪為守舊退化的權力組合。近代中國的內憂與外患也就與蔣介石的一生「長相左右」，這是中國的災難，也是他的不幸。

蔣介石的最大悲劇，在於反對他的人，如長江大水，綿延不絕，從二〇年代到四〇年代，「江山代有『反蔣』出」，在政治上圍剿他，在軍事上攻擊他，在思想上藐視他。最難堪的是，反蔣最力的人不是綠林大盜或「黨外人士」，而是國民黨黨內的大老、政客、黨棍、將領和擁兵自重的地方派閥。

胡漢民反對他，被軟禁在南京湯山；張學良和楊虎城兵諫他，前者被幽禁半世紀，後者慘遭滅門；汪精衛和他分庭抗禮，被冠以「漢奸」之名；閻錫山、馮玉祥與蔣兵戎相見，分分合合，閻鬱死台灣，馮慘死黑海；何應欽抗拒他，結果在寶島投閒置散……。

一九四九年以前，一系列的反蔣人士和團體，一一在蔣介石的金錢收買和分化離間的策略下瓦解，或者隨著日本軍閥的敗亡而崩潰。直到中國共產黨的「紅星照耀中國」，蔣介石所象徵的「金陵王氣」，始黯然告終。毛澤東的奪取江山，結束了近代中國「擁蔣—反蔣」的歷史浪潮。

以李宗仁為首的桂系，則代表了國民黨內的最後一批反蔣勢力。

最具戰鬥力的雜牌軍

桂系的領導人，前期以李宗仁、黃紹竑、白崇禧為主，後期有李宗仁、白崇禧、黃旭初，但真正的權力核心則屬李、白。

桂系軍隊在北伐與抗日中的表現，尤值稱述。北伐是奠定國內局部統一與和平的戰爭，抗日則是抵禦外侮的救國聖戰，李宗仁、白崇禧和其他廣西將領，都在這兩次戰爭中，貢獻卓著，幫了蔣介石的大忙。北伐時期，桂系的第七軍以善戰出名，在兩湖戰場和江西戰場的關鍵性戰役中，擔任主攻部隊，被公認為北伐軍裡最具戰鬥力的部隊。國軍在抗戰時所打出的最漂亮一戰——台兒莊之役，即是由當時擔任第五戰區司令長官的李宗仁所指揮。

抗戰軍興後，除汪精衛之外，與蔣爭鬥十餘年的國民黨內各派系和中共，皆暫時槍口對外，共赴國難。馮玉祥的西北軍、桂系軍隊、川軍、滇軍都被賦予中央軍番號，部署於各戰區。但蔣介石對付「雜牌軍」的手段一如他在政治上整肅異己一樣。李宗仁在回憶錄中說：「當時五戰區內可用的兵力尚不足七個軍。而且這些部隊均久被中央列為『雜牌部隊』，蓄意加以淘汰之不暇，更談不到糧餉和械彈的補充了。……我們的最高統帥蔣先生一貫作風，卻是假全國一致團結、共赴國難的美名，陰圖將這些非他嫡系的雜牌軍悉數消滅。」

李宗仁又說：「臨沂、滕縣兩役，都是台兒莊大捷前，最光輝的序幕戰。但是這兩項艱苦的血戰，卻都是由一向被中央歧視的『雜牌部隊』打出來的。……台兒莊戰後，蔣先生曾驚訝地向我說：『你居然能指揮雜牌部隊！』」

在南京國民大會上，李宗仁和穿西裝的何應欽愉快握手。兩個同被蔣介石打壓的老將領，毫無反抗的能力，李比何高明一些，至少還不顧蔣的反對，競選副總統獲勝。在蔣的強勢作風下，李、何只能聽天由命，無所作為。

儘管桂系有功於「黨國」，他們的反蔣歷史卻是頗為凸出的。蔣桂之間的矛盾，從二〇年代延續到四〇年代末期，未嘗稍歇。北伐之後的寧漢分裂，到抗戰前一年的兩廣事變，桂系一直是反蔣最力的一個地方實力派集團。

抗戰勝利後，蔣介石所面臨的最大問題，不再是已經式微的地方實力派集團，而是有主義、有理想、有野心又有軍隊的中國共產黨。勝利不到四年，國民黨即在慘烈的內戰中痛失江山，蔣介石倉皇辭廟，敗走台灣。

在中共席捲大陸前夕，在國家陷入存亡絕續的關頭，蔣介石和桂系又展開了最後一次、也是「最精彩」的一次權力抗衡。梁升俊的名著《蔣李鬥爭內幕》詳述了一九四八年一月李宗仁宣布競選副總統、一九四九年一月出任代總統以迄國民黨全面崩潰的整個過程。梁氏追隨李宗仁和白崇禧二十餘年，亦曾辦過報紙，對桂系人事和蔣李鬥爭內幕，皆親歷、親睹和親聞，允稱為動亂時代的見證者。

梁著一九五四年初版於香港，國民黨當局將其列為「禁書」，嚴禁銷台。今天，國民黨正面臨「存亡絕續」的考驗與挑戰，其處境和梁氏所敘述的一九四八年蔣李鬥爭時代有不少雷同之處，重讀這部歷史性著作，尤足發人深省。李宗仁為什麼要投身於副總統選舉的漩渦，以致爆發蔣李鬥爭的最後一個高潮？李宗仁自謂：「在這進退維谷的境地，經過了千思萬慮，我自覺只有兩途可循。第一，做積極的打算，不顧艱難，以天下為己任，挺身而出，加入中央政府，對徹底腐化了的國民黨政權做起死回生的民主改革，以挽狂瀾於既倒。因為抗戰之後，由於我本人潔身自處，作風比較開明，所以尚薄負時譽，黨內外開明人士都把我看成國民黨內民主改革的象徵。我也加入中央政府，領導民主改革，自信可以一呼百應，全國改觀。第二，做消極的打算。不能這兩種矛盾心理所困擾不得解決之時，發生了副總統競選的事，使我想到如果參加競選，便一舉而了結上述兩項矛盾。」

參選之舉惹惱了老蔣

蔣介石對李宗仁參選的反應，表現了「兩面派」手法。基本上他是反對的，但為故示民主和寬大氣度，在李有意參選前，曾透過白崇禧和吳忠信向李表示：「國民大會為實行民主的初步，我黨同志均可公開競選，對任何人皆毫無成見。」蔣本人亦曾當面對李說，選舉正、副總統是民主政治的開端，黨內外人士都可以自由競選，他本人都一視同仁，不會偏袒任何一方。

然而，當李宗仁決定參選時，蔣卻又再三反對。白崇禧在口述歷史中說，李宗仁請他向蔣報告其參選決定，蔣的回答是：「趕快覆德鄰（李宗仁字）電，北平很重要，共匪正猖獗，北平是北方最高指揮機關，關外雖然不屬北平指揮，但接近北平，關係重大，不可離開，這是一理由；再一理由，我是軍人，副總統又是個軍人，不好，要他安心剿匪。」

後來，蔣又單獨召見李，希望他自動放棄競選，以免黨內分裂，但遭李拒絕。李宗仁回憶他和蔣的對話，蔣說：「我是不支持你的。我不支持你，你還選得到？」李答：「這倒很難說！」蔣又說：「你一定選不到。」李不甘示弱地回嘴：「委員長，我一定選得到。」

蔣李終又「對上」了。

桂系領袖白崇禧、黃紹竑、黃旭初、韋永成、程思遠等人起初都反對李參選。李宗仁在回憶錄中說：「這批老朋友們竭力反對我競選的心理是不難想像的。在他們預料中，我如參加競選，蔣先生必定不會支持，我就必然要落選。我如果不顧蔣先生的意旨而硬要競選，勢將引起我與蔣之間的嚴重摩擦。我與蔣先生摩擦起來，則向來被目為『桂系』首腦的一白二黃勢必被捲入漩渦，而遭池魚之殃。故與其聽我知其不可而為之，以致牽累大家，不若早早斷念於未萌之時，免惹多疑善忌的蔣先生不快。」

這批桂系頭頭建議李競選監察院長，以避免和蔣發生正面衝突；黃紹竑則勸李「既吃不著羊肉，何必惹一身腥！」

李不聽勸告，決意競選，桂系領袖只得團結在「龍頭老大」身邊，為他助選。

由於黨內多人角逐副總統，對國民黨恐非有利，黨內大老揣摩「上意」，必須阻止李出馬。國民黨中央執行委員會乃推出吳稚暉，勸說李宗仁接受副總統仍由黨內提名的建議，李予以拒絕。

蔣介石雖支持程潛出馬，並動員黨員為孫科助選，李宗仁終在第四次投票時以一四三八票力克孫科的一二九五票。素有「小諸葛」之稱的白崇禧（時為國防部長），輔選成功，居功厥偉。白氏自承：「我個人與這次副總統選舉的關係極大。」

李宗仁能夠脫穎而出的原因，白崇禧的分析是李具備了四個條件：（一）廣西建設的聲譽；（二）北伐時第七軍的聲譽；（三）抗戰時主持第五戰區軍事的功勛；（四）待人接物的態度。關於第四個致勝條件，白表示：「李待人接物態度謙恭，能傾聽別人講話，你對他說話，他讓你說，聽一點鐘不會不耐煩，人情味很濃，這是他個人方面獲得友誼與同情的條件。」

李宗仁於三月二十二日自北平飛抵南京參加國大時，曾受到熱烈歡迎，特別是東北籍國大代表對李尤寄厚望，因其時東北局勢已不可收拾，他們期望當年以台兒莊大捷而名震中外的李宗仁能旋乾轉坤，力挽狂瀾。

白崇禧回憶國大一九四八年四月二十九日的開票情況：「我們從收音機可聽到鼓掌聲，唱『李宗仁』時掌聲大一點。沒有故意安排人去鼓掌。下午大約七點宣布結果，很快地傳播出去，南京市很多商店住家自動懸旗放爆竹，上海市也很熱烈。一個人很難蓋棺論定，就當時的李德鄰而論，聲望實在很高。」白又說：「再就競選時情況來分析，孫科雖然得黨團全力支持，但反而引起一些反作用；李的票源甚多，廣西全體都幫他助選，西北（新疆、寧夏、青海）、東北、華北等地區很支持，民青兩黨支持，同情票很多，因此能獲多數。」

李宗仁不僅獲得黨內「非主流派」的支持，自由派的學術文化團體亦擁護他，美國駐華大使司徒雷登更是力勸他出馬競選，與蔣對抗。

李宗仁膺任副座，蔣介石震怒不已。在就職典禮的衣著上，李就被蔣「擺了一道」，梁升俊說：「就職大典那天，李氏全副武裝，佩掛勳章，不料蔣先生穿著長袍馬褂……中外賓客，為之愕然，許多使節，看到總統和副總統不諧和的服裝，都竊竊私議。」筆名「退職記者」的朱振聲說：「蔣氏於禮成以後，竟置李氏於不顧，掉首登車而去，國家千古未有之盛典，結果反弄成了不歡而散！」

表面引退，是要他做替死鬼

一九四八年十二月中旬，淮海戰役（徐蚌會戰）已接近尾聲，國軍兵敗如山倒的惡訊，震撼全國。弭兵和談之議，甚囂塵上，河南、湖北和湖南省參議會相繼致電蔣介石，要求恢復與中共和談。李宗仁說：「蔣先生為此也曾兩度找我到官邸商談。他說明想即時引退，希望我能頂起這局面來同共產黨講和。我聞言大驚，說：『這局面你都幹不了，我如何頂得起！』蔣先生一再做

一身長袍馬褂的蔣介石和著戎裝的李宗仁步入會場宣誓就任總統、副總統。不久，河山就變色了，李宗仁偕妻子郭德潔流亡美國，後返大陸。蔣介石則撤至台灣，永別大陸！

總統、副總統就職典禮的「穿著」問題，李宗仁被蔣介石「擺了一道」。蔣先說兩人都要穿元首禮服，李即打電話向香港訂製禮服。大典前夕，蔣又說兩個人都要穿戎裝。就職當天，李穿軍服，左胸上一排勳章，蔣卻著長袍馬褂。服裝不協調，象徵了蔣、李的內外不和及權力矛盾。

出懇切的姿態勸我接受，我卻竭力推辭。」

李宗仁說他推辭的原因：「第一，便是我確實也幹不了；第二，我與蔣先生相處二十餘年，深知其詭計多端，說話不算話，在此危急之時，他可能要我做替死鬼。」

當時擔任華中剿匪總司令的白崇禧曾兩次致電蔣介石，建議和談。這兩封電報，日後使白崇禧飽受國民黨保守派和主戰派的嚴厲批評，罵他「逼宮」、「抗命」。

一九四八年十二月二十五日，中共發表第一批戰犯名單，蔣介石名列第一，李宗仁第二，白崇禧第三。一九四九年元旦，蔣發表文告宣稱：「中正畢生革命，早置生死於度外，只望和平早日實現，則個人進退出處，絕不縈懷，而一惟國民公意是從。」一月二十一日上午，蔣宣布「下野」，李宗仁出任代總統，但蔣在聲明中卻稱「因故不能視事」，並未提及「引退」、「辭職」。李說：「我深知蔣先生的個性，他在文告中預留伏筆，好把我作為他的擋箭牌，而他在幕後事事操縱，必要時又東山再起。」

李宗仁的預言，一語中的。在他擔任代總統期間，蔣介石完全掌握了軍事、特務、黨務與財經大權。李宗仁可說「令不出都門」，他下令東南行政長官陳誠釋放被關在新竹縣竹東鎮山區的張學良，亦遭陳以「事屬保密局管轄」而搪塞過去。

李宗仁夫人郭德潔，一直想做「宋美齡第二」，從衣著到談吐，從髮型到打扮，皆以蔣夫人為師法對象。李宗仁流亡美國新澤西州時，能幹的郭德潔開車、買菜、理財、做飯，皆一肩挑、一手扛。李宗仁當選副總統後，郭德潔興奮地向大家揮手致謝。

在「無可奈何花落去」的大環境裡，李宗仁顯得一籌莫展，他和白崇禧雖寄望和中共「隔江而治」，但這只是一廂情願的想法。在共軍準備向全國進軍的壓力下，李派出和談代表團赴北平與中共談判，然中共所要求的並不是和談，而是投降。以當時的形勢而論，李即使握有軍政財經大權，亦不可能有所作為，在數百萬共軍的壓境下，「孤臣無力可回天」，毛澤東很快地就實現了他改朝換代的夢想。

蔣、李的最後交手，兩敗俱傷，但李敗得更慘。桂系完全土崩魚爛，李在美國苦悶了一段時間後，於一九六五年夏天返回中國大陸定居，一九六九年一月病逝北京。白崇禧在台灣抑鬱以歿，黃旭初作古香港，擅長詩詞的黃紹竑在和談期間高唱「北國正花開，已是江南花落」而投共。

李宗仁在政治角逐中的敗北，主要是他缺乏像蔣介石所擁有的廣大而又深厚的權力基礎，其中包括黨內的實權、軍權的掌握、控制特務組織以及江浙財團的奧援。而桂系又人才欠缺，梁升俊認為「桂系根本不能成為一個政團，只是一群軍人政客，由於歷史、地域、習慣，因襲而成的一個家長式部落式的組合，……不能創出獨立宏大的局面。」在政治上，亦「沒有明確偉大的政治理想、主張」。

然則，李宗仁的忠厚與優柔寡斷殆為其無法和「其介如石」的對手相抗衡的主因。梁升俊形容李「渾厚」、「休休有容」，這種領袖氣質在承平時代也許是被統治者之福，但卻不適於動亂的中國。李是一個宅心仁厚的人，出任代總統後，許多國大代表和立法委員勸他「速正大位」，不要做「代理總統」；白崇禧也勸他「要做就做真皇帝，切不要做假皇帝！」在大陸變色前夕，粵軍名將張發奎曾兩度建議李「把蔣介石扣起來」，遭李拒絕，張歎道：「德公，你膽子太小！

德公，你膽子太小！」

李宗仁有政治野心，但缺乏膽識與手腕，在爾虞我詐的中國政治圈裡，他注定要成為時代的殉葬者。時代創造了李宗仁，李宗仁卻無法創造時代。

在近代史上，蔣、李從來沒有真心誠意地相互對待。蔣視李如芒刺在背，李則視蔣為絆腳石。蔣李關係其實就是軍閥政治的延伸。

強人政治，視國家如私產

一九九〇年三月，李登輝提名李元簇為其競選伙伴，台北政壇亂象紛至，有主流派與非主流派之爭，一批軍系國代推出林洋港與蔣緯國搭檔的主意，形成國民黨撤守台灣以後，最熱鬧、最喧囂的一次權力之爭。一九九二年春天，總統選舉制的劇烈爭執，更凸顯了國民黨高層意識型態分歧、政治理念殊異、黨魁威權下跌和派系對立的嚴重病象。

有些政治評論家目睹國民黨的亂局，乃呼籲黨內枱面人物應自我克制，遵守黨規家法，不許攪局、不可造次，否則「國民黨不穩，國家就不安」。這些評論家大聲疾呼國民黨不能重蹈歷史的覆轍，不能像一九四八年那樣被李宗仁搞得天下大亂，以致河山變色。

國民黨的史觀是「成王敗寇」，在他們的心目中，李宗仁是個「歷史罪人」，他的反蔣導致了國民黨的垮台。然而，歷史並不是這樣廉價的，也不是如此容易被扭曲的。

李宗仁即使不參加一九四八年副總統選舉，而讓國民黨風平浪靜選出孫科為副總統，殆亦無法改變時局的急速逆轉。國軍的兵敗如山倒、政治與社會功能的全面失調、金融的崩潰、物價的飛漲和民心的喪失，才是國民黨江山不保的「催命符」。

蔣介石是二十世紀保守的「強人政治」樣品，「強人政治」實際上是帝王思想的延續，其最顯著的敗筆，厥在於視國家如私產，個人得失與國家興衰混而為一。蔣介石的傳子作法，就是這種「帝王思想」的建構化；就國家與民族的長遠利益而言，統治者父死子繼或兄終弟及的開倒車作法，絕非可取之道，只會對政治的改革和社會的進步產生負面的影響。

蔣介石的「強人政治」並未及身而絕，蔣經國承繼了他的統治護符，亦傳襲了他的強勢領導。「強人政治」雖已不復見於今日，然而，「強人文化」的種籽卻在台灣的土壤發芽滋長。蔣經國嘗言「時代在變，環境也在變」，國民黨當然也跟著時代潮流在改變；但「萬變不離其宗」，國民黨的許多作風、心態、運作，以及黨內派系與黨中央的扞格、黨內巨頭對黨魁威權的挑戰等，都可以在蔣、李鬥爭中找到「斑斑可考」的痕跡；六十多年前南京蔣李對抗的史實，又可在「李郝體制」中，依稀看到歷史重演的陰影。文人出身的李登輝、武將拜相的郝柏村，甚至連國民黨秘書長宋楚瑜都充滿了十足的強人心態，雖然他們並不敢以強人自居。

蔣經國死後，台灣政爭不斷、政潮洶湧的原因，就在於國民黨高層充斥了「強人的餘孽」。蔣介石父子的強勢作為經常在他們的身上「借屍還魂」，他們似乎渾然不知「閣中帝子今何在，檻外長江空自流」的悲哀，更不知道本身已完全沒有做強人的本錢和環境。

蔣介石與李宗仁的合作與鬥爭，是二十世紀中國的縮影。他們的崛起與失敗，象徵了近代中國政治人物的榮枯和民族主義者的悲劇。

民國總統「神話」連篇

西風東漸、海禁大開以後，以基督教為主的西方教會與傳教士大量湧入中國本土與海島。近代和現代史上即出現不少所謂「名人教徒」，如大名鼎鼎的「基督將軍」馮玉祥、民初司法界大老徐謙、法學家王寵惠等。但最令教會中人引以為榮的則是自孫中山以降至李登輝等國民黨領導人和第一家庭，全都是基督教徒。

孫中山、蔣介石、蔣經國、李登輝（後退出國民黨）以及與孫、蔣有婚姻關係的宋家和孔家，都是信奉耶穌的基督徒。他們所屬教會雖異，但皆心同此「神」。

中華民國的第一個台灣人總統李登輝，是近代現代中國與台灣政治史上「神味」最重的總統！一九九〇年春天，在國民黨八大老功德圓滿地勸退林洋港、蔣緯國不要向雙李（李登輝、李元簇）挑戰之後，政壇和媒體以為籠罩在台北上空的政治陰霾已一掃而空，大家可以喘口氣了！萬萬沒有想到的是，林、蔣一擺平，卻立刻傳來虔誠的基督徒李登輝在國民大會團契聚會時，公開證道稱，即使是國家大事，神也會發生作用的，相信神的人，神必保護他、拯救他；而不信神、侮慢神的人，不論他一時如何強大，終必滅亡，而且會死在他自己人的手裡。李登輝又說：「在面對政局混亂的情況時，我非常相信神一定會來解決的。六年一次（後改為四年一次）的總統、副總統改選，政權能夠有制度、有穩定的移轉，是神賜給我們的，也是我們要感謝主的。」

長老會信徒李登輝在證道時要求在場教友翻開聖經舊約以賽亞書第三十七章第三十五節、第三十六節，並唸道：「……耶和華的使者，在亞述營中殺了十八萬五千人。清早有人起來一看，都是死屍了。……」李登輝握緊拳頭環視全場說：這故事對我們的啟示非常大！

一九九四年四月，李登輝接受日本作家司馬遼太郎訪問時，把自己比喻成摩西，要率領人民走出埃及到許諾之地（Promised Land）。前新加坡總理李光耀在《我一生的挑戰，新加坡雙語之路》中透露，中國國家主席江澤民對李登輝的這段談話極為憤怒不滿！

美國歷任總統不乏虔誠的教徒，每週日赴教堂者亦大有人在，但絕對沒有在做禮拜時像李登輝那樣雜揉政治與宗教、國事與聖經，否則將是嚴重地觸犯政教分離的憲法宗旨和最基本的政治遊戲規則，李登輝自一九八八年一月接任以後，在各種不同的公開場合不斷地讚美上帝、耶穌基督和引述聖經故事，他滿嘴「神話」，使大家想到了太平天國中的洪秀全，還有那些所謂天父和天兄！

在毛澤東筆下，孫中山是個「偉大的革命先行者」。因此，有關他的宗教活動的報導並不多，國民黨黨員很少提及，孫中山本人亦不多談。據北京中華書局出版的《孫中山年譜》記載，孫氏十七歲（一八八三年）時，在香港和陸皓東等由美國公理會傳教士喜嘉理行洗禮，信奉基督教。一八八四年十一月再赴檀香山時，他的哥哥孫德彰罵他「為什麼要信教」，但孫中山（原名孫文）並未動搖。孫氏二十歲時，喜嘉理牧師介紹他進入美國基督教長老會所辦的廣州博濟醫院附設的南華醫學堂讀書，第二年轉學香港西醫書院（即香港大學醫學院前身）就讀，這所西醫書院是由香港倫教傳道會與香港立法局議員何啟所創辦。

孫中山舉行基督教葬禮

前紐約哥倫比亞大學中國史講座教授韋慕庭（一九九七年辭世）在其所著的英文《壯志未酬的愛國者孫逸仙》（*Sun Yat-Sen: Frustrated Patriot*）一書中則說，孫中山受洗是在一八八四年。韋慕庭指出，孫氏於一九二五年三月十二日去世前，曾要求其妻宋慶齡為他舉行基督教儀式葬禮。孫氏說，他要「死為基督徒」。但國民黨大老則強烈反對舉行宗教儀式，這批孫文的追隨者都是不折不扣的民族主義者，他們認為基督教是帝國主義的代言人，故不能為打倒帝國主義的革命家舉行基督教儀式。宋慶齡與孫中山的兒子孫科堅持要遵照孫文的意思，結果大老們讓步，先讓孫氏遺屬於一九二五年三月十九日在北京協和醫院禮堂舉行不公開的、只有家屬參加的基督教儀式，由燕京大學神學院院長劉廷芳主持並宣讀悼文，這是孫文的第一個喪禮。

韋慕庭說，在宗教儀式上致悼詞的尚有在民初做過司法總長的徐謙和孫文的連襟孔祥熙，徐、孔皆為基督教徒。

孫文遺屬在協和醫院禮堂舉行基督教儀禮，生於中國、後在哥倫比亞大學擔任丁龍講座教授的富路特（L. C. Goodrich，卒於一九八六年）當時即在儀禮上的唱詩班唱聖歌。他說，徐謙的悼詞太長又自吹自擂，竟稱：「孫文搞革命，我也搞革命；孫文救眾人，我也救眾人。」孔祥熙則在悼詞中透露，他在孫文去世前一、兩天去探病，孫文在病榻上握住他的雙手說：「你是個基督徒，我也是個基督徒。我要告訴你一件事，我心裡常感覺到，我想你會了解，那就是耶穌基督是被上帝派遣到世界上來的，我也是被上帝派來的。」

孫中山臨終前自稱是「上帝使徒」的說法，五十年後，蔣介石在去世前亦如法炮製。蔣在遺囑上說：「自余束髮以來，即追隨總理革命，無時不以耶穌基督與總理信徒自居。」事實上，蔣介石信教的唯一原因就是為了要娶宋美齡。但蔣並非很樂意信教，宋美齡的母親倪桂珍提出要蔣信教的建議，蔣答應後，宋母即批准婚事。蔣宋即於一九二七年（民國十六年，蔣四十一歲）在上海結婚，三年後蔣始受洗成為教徒。

章微寒在《蔣、宋婚姻資料輯錄》一文中說：「因為宋美齡是基督教徒，因此在上海舉行宗教儀式的婚禮，原請江長川牧師證婚，蔣停妻再娶，有違基督教義，為江長川所拒絕，乃改請中華基督教青年會全國協會總幹事余日章證婚。」江長川（Z. T. Kaung）是上海基督教堂的牧師，亦為宋家的家庭牧師。有關蔣介石不太願意信教的心態，蔣的英文老師、後歷任國府外交要職的董顯光在英文《蔣介石傳》中引述江長川的回憶說：「民國十七年（一九二八）之某日，我接到蔣夫人的一封急電，要我即來南京。我於次日清晨到達。獲知蔣夫人要我以其家庭老友的資格，勸請蔣先生接受基督教，若有可能，則為擔任洗禮。……當我上車時，蔣先生堅邀我坐在中間，蔣夫人在我左方，蔣先生則在右方，車行中，蔣夫人力勸蔣先生接受基督教，並正式受洗禮。她說：『我們的老友江牧師不久赴美國，此行將逗留許多月。』蔣先生則不願受洗禮過速，他答稱：『我現在只讀完新約第二遍，正開始讀舊約，我要對基督教多知道一點，然後正式接受耶穌為我的教主。』」江長川回憶說：「在戰爭進行中，蔣先生被敵軍誘困於開封附近，四面幾被包圍。處此失望之境，蔣先生祈禱上帝解救，並聲言此次得救後，定即正式信仰基督為救主。上帝對此祈禱即予接納，驟下大雪，為此季所罕見，因使敵軍無法進迫。」江氏又說：「當我從美國回來，我遂被邀請為這位中國領袖施行洗禮。」一九三〇年十月二十三日，蔣介石終於在上海西摩路宋宅，由江長川牧師主持入教洗禮儀式。除了宋慶齡，宋家所有的人都參加了這個儀式。從此，蔣介石和孫中山有三個共同點：連襟、教友、革命家。

蔣介石信教也迷信風水

儘管蔣介石熟讀聖經和《荒漠甘泉》，儘管蔣經國在〈寒天飲冰水，點滴在心頭〉中說：「家父信仰基督教，決（絕）不是迷信，而是有其高度的哲學基礎。」然而，從蔣介石的出身背景、家世、早年交遊、複雜的個性和載浮載沉的革命生涯來看，他其實是個兼具佛教與道教味道的基督教徒。從另一個角度觀之，他號稱是儒家，但亦具法家和縱橫家的色彩。在夏明曦所寫的〈蔣家遠祖「摩訶居士」〉（收入浙江人民出版社《蔣介石家世》）一文中，可以看到蔣家全家信佛的傳統，使他從小到老一直喜歡到佛寺或廟裡盤桓，而且蔣本人亦是個迷信風水的人。

一九四九年五月，東南半壁已快全面變色，蔣介石、蔣經國父子每天搭乘「江靜輪」在舟山群島一帶漂泊。宋平在《蔣介石生平》中說，蔣介石帶著蔣經國登普陀山，四訪普濟寺，每次都要焚香禱拜果如和尚塑像。果如和尚曾在溪口雪竇寺做過住持，蔣母王氏皈依佛教，拜果如為師。蔣去世時，靈櫬裡放了四本書：《三民主義》、《唐詩》、《聖經》和《荒漠甘泉》。孫中山和蔣介石雖皆為教徒，但甚少在言論中將國家大事與宗教或聖經故事混為一談，亦未聞在證道時，露骨地寓政治於教義中。蔣經國更是絕少公開談論宗教。

李登輝在總統任內所發表的有關「神」的談話，已遠遠超過孫中山、蔣介石、蔣經國的總和，他到底是在治國，還是在佈道？美國黑人民權領袖馬丁•路德•金恩和他的徒弟傑西•傑克遜（Jesse Jackson）都是牧師，皆為從事群眾運動的一流人物，他們所發表的動人演說卻毫無「神」味！

吳鼎昌與《大公報》

清末民初是一個西潮東漸的時代，也是一個新舊交替的階段。但在這段擾攘不安的歲月中，卻人才輩出、瑜亮互生。前貴州省政府主席、國民政府文官長和「大公報三巨頭」之一的吳鼎昌，就是近代中國歷史轉捩點上的一個代表性人物。

吳鼎昌的生平是十九世紀末葉與二十世紀前半期中國社會與政治的縮影，他的事功則反映了中國在動亂與變遷中所獲致的進步與成就。吳氏對近代金融、財經與政治的貢獻，以及他和胡霖（政之）、張季鸞合辦《大公報》的往事遺澤，尤值國人追思。

吳鼎昌（字達詮，別號前谿）生於清光緒十年（一八八四）。吳氏原籍浙江吳興，因其先人遊宦四川，乃寄籍四川華陽，定居成都。清光緒二十九年（一九〇三）四月，吳氏年甫弱冠即考取四川省官費，東渡扶桑，負笈東京成城學校普通科。三年後轉入東京商業學校本科，與胡政之同學，並結識張季鸞，越三載即畢業。一般記載稱，吳氏在留學東瀛期間曾加入同盟會，但據史學家沈雲龍的說法是，吳氏是否曾加入同盟會，仍缺乏第一手史料可資佐證。吳氏在清宣統二年（一九一〇）畢業後，即束裝返國，同年九月參加清廷主辦的「遊學畢業學生考驗」，獲授「商科進士」頭銜（俗稱洋進士），翌年經廷試後，授職翰林院檢討（一稱洋翰林）。

獲得功名之後，吳鼎昌開始步入中國傳統讀書人所走的老路——學而優則仕。二十六歲的吳鼎昌未倚恃任何奧援，純憑本身的才學和能力，在兩年之內，歷任東三省總督署度支、交涉兩司顧問、本溪湖煤礦公司總辦、大清銀行總行總務科長及江西分行總辦、上海大清銀行監督等職。

民國成立後，大清銀行改組為中國銀行，吳鼎昌即被任命為正監督，兼工商部顧問、總統府財政委員、全國工商會議副議長。民國三年（一九一四），吳氏出任天津造幣廠總廠監督，次年任農商部次長。民國五年（一九一六），黎元洪繼袁世凱為大總統，國務總理段祺瑞首次組閣。吳氏經內閣秘書長徐樹錚（已故名教授徐道鄰之父）的拔擢，擔任國務院參議，後並出任財政部次長。民國九年（一九二〇）七月，直皖戰事發生，段、徐垮台，吳氏亦息影政壇，改任鹽業銀行總經理，並發起金城、大陸、中南和鹽業四行聯合準備庫，吳氏出任該庫主席，而成為北方金融界巨擘。

鹽業、金城（周作民）、大陸（談荔蓀）和中南（胡筆江）等北方四銀行，其時通稱「小四行」，以別於日後的中央、中國、交通和農民銀行等「大四行」。

擲地有聲的「四不主義」

吳鼎昌在金融界炙手可熱之際，其個人事業與中國言論界發生了劃時代的關聯及變化。民國十四年（一九二五），胡政之創辦的《國聞通訊社》及《國聞週報》，因營業不振，打算停刊。吳鼎昌獲悉之後，即鼎力支持，穩住了通訊社與週報的基礎。名報人英斂之（已故台大外文系主任英千里之父）在光緒二十八年（一九〇二）創辦之《大公報》，至民國十三年，因英氏年老、社務漸衰而告停刊。眼光與魄力兼具的吳鼎昌即與胡政之、張季鸞接辦《大公報》，由吳氏投資五萬元自任社長，負財務責任；胡任總經理，綜理業務；張任總主筆，在言論上掌舵。

民國十五年（一九二六）九月一日，天津《大公報》即以嶄新的面目問世，為近代中國報業樹立了一塊不朽的里程碑，將國內言論界的水準提攜到「新境界」。吳鼎昌、胡政之和張季鸞在《大公報》復刊首日，即以他們三人的四項誓約昭告國人：

一、不黨：純以公民之地位，發表意見，此外無成見、無背景。凡其行為利於國者，擁護之；其害國者，糾彈之。

二、不賣：不以言論作交易，不受一切帶有政治性質之金錢補助，且不接受政治方面之入股投資。

三、不私：除願忠於報紙固有之職務外，並無他圖。即對於報紙並無私用，願向全國開放，使為公眾喉舌。

四、不盲：不隨聲附和，不以一知半解，不為感情所動，不昧於事實以立言。

這就是《大公報》擲地有聲的「四不主義」。

此外，為顯示報紙的獨立和公正言論，吳、胡、張並「相約不兼任政治上任何有酬之職務」。張季鸞曾撰文稱頌吳鼎昌對新聞事業的慧眼獨具：「達詮於新聞事業，見解獨卓，興趣亦厚，以為須有獨立資本，集中人才，全力為之，方可成功。」

在吳、胡、張「三頭馬車」的戮力合作下，《大公報》始終在千變萬化的時代裡和障礙叢起的環境中，「牢持斷舵以與驚濤駭浪搏戰」、「忍耐步趨，以求卒達於光明自由之路」。吳鼎昌一生事功煊赫，歷任中樞要職與疆寄大任，但不少史家認為，吳氏在事業上的最大成就和對社會的最大貢獻，厥在於接辦和扶植《大公報》。吳氏不僅負責《大公報》財務調度與資金籌措，而且亦常在該報撰寫社評，論述財經與政治問題。

財經省政皆有不凡建樹

吳鼎昌非但辦報有成，在金融事業上亦屢有建樹。民國二十年（一九三一），在吳氏的策劃下，「小四行」與美商太康洋行合作創辦「中美信託公司」，協助政府購買各項鐵路設備，使外商接受政府發行之「設備信託證券」，開中國對外信用購買的先河。

民國二十四年（一九三五）十二月，吳氏應政府之徵召出任實業部長兼國民經濟建設運動委員會主任委員。吳氏在「不兼任政治上任何有酬之職務」的誓約下，乃辭去《大公報》社長職務，全力從事大規模之生產建設，以利民生而厚國本。民國二十六年（一九三七）七月抗戰軍興，吳氏兼任大本營第四部部長，負責將京滬各地工廠遷移四川；同年十一月被任命為貴州省政府主席，並兼保安司令、軍管區司令及滇黔綏靖公署副主任（主任為龍雲）。

抗戰時期，各省省主席幾全為軍人，唯獨吳氏以一介文人而出長戰略地位極其重要的貴州省政，為大後方的安定與進步，投下了巨大的心力。民國三十四年（一九四五）一月，吳氏調為國民政府文官長，三年後改任總統府秘書長。吳氏在中樞運籌帷幄，參襄大計，其有助於政局之穩定，實不亞於他在財經與省政建設上的成就。民國三十七年（一九四八）十二月，吳氏辭卸秘書長之職，受聘為總統府資政，翌年初因中原板蕩乃避居香港。民國三十九年（一九五〇）八月二十二日因癌症不治逝世，享年六十六歲。

最荒謬的是，一九四九年大陸變色時，中共公布四十三名國民黨戰犯名單，吳鼎昌名列第十七。吳鼎昌的侄孫女吳學工則透露，吳氏卜居香港時，曾和中共中央接觸表示願回大陸，並獲同意，但因治療牙疾時病故。

一九八四年吳鼎昌百歲壽誕，曾任美國國防部副助理部長的經濟學家吳元黎博士（二〇〇八年辭世，享年八十八歲）曾設置吳鼎昌獎學金以紀念其父。

吳鼎昌在財經圈子和官場上，無所不能但又有所不為；他精明能幹但卻不驕功自矜；他用人唯才但又善待部屬。吳氏是一個詩酒風流的人，常自稱具有「法家的面孔，儒家的心腸」。

從一個歷史的眼光來透視，如果吳氏能夠早日脫離宦海，能夠在民國三十年（一九四一）九月六日張季鸞死後，即重返《大公報》，與胡政之賡續維繫該報「不黨、不賣、不私、不盲」的新聞立場和言論方針，則吳氏對後世的影響與貢獻，或將遠甚於他在政界的建樹。則《大公報》在國事蜩螗的逆境中，或將更能發揮報人報國的重責大任。

李璜與青年黨

國民黨於八〇年代末期開放「黨禁」之前，從事反對黨運動的黨魁，幾乎都是晚景淒涼、落魄以終。有的投荒海外，埋骨異國；有的葉落歸根，回到台北，靠國民黨的津貼來維持生活。一九九一年十一月十五日以九十七歲高齡病逝於台北的青年黨主席李璜，即屬於後者。

一九四九年以後，李璜飄泊海外，在香港、美國等地教書寫作，生活清苦，一九八〇年年底接受蔣經國邀請，返台定居。據學者謝扶雅說：「他後來因為老伴健康不佳，旅美醫藥費用太鉅，不堪負擔，迫得返至台北，就國府總統府國策顧問之閒職（後獲資政銜），因而得藉公保制免付其妻醫療費用。」一九八四年二月十五日，李璜在台北過九十歲生日時，賀客盈門，頗為熱鬧，與過去三十多年落寞海外的生活，迥不相同，蔣經國還送了一個壽屏賀他。

然而，李璜所創建的青年黨，並未因「大家長」的返台而趨於團結，一向四分五裂的局面繼續維持，一直拿國民黨施捨的「反共宣傳費」（一年二百五十萬）的舊習照樣保留。一九八九年二月，青年黨內部更因「正統」問題而鬧得不可開交，李璜的老戰友、監委陳翰珍與一批黨內革新派另行成立「青年中國黨」，以別於「中國青年黨」。其時，有人勸李璜，青年黨不要再接受「反共宣傳費」以維黨格，但李璜表示：「青年黨不能放棄反共宣傳費的原因，乃是有太多老幹部靠此生活」，故他不能袖手不管。

拒不就任經濟部長

過去在大陸時，青年與民社兩黨多少還獲得國民黨重視的原因，主要是有共產黨的存在；到了台灣，國民黨一黨獨大，民、青兩黨內則鬧分裂，外則拿津貼，至此已完全淪於黃信介所形容的「廁所裡的花瓶」。一九四五年九月二十四日，到重慶參加國共和談的毛澤東即曾當面對民社黨領袖蔣勻田說：「此次來訪重慶，最大的憾事，就是未能見到張君勱先生（民社黨創立人）。……他給我的一封公開信，想你必已閱過，在那封信裡，他主張要我們將軍隊交給蔣先生（指蔣介石），老實說，沒有我們這幾十萬條破槍，我們固然不能生存，你們也無人理睬……。」蔣勻田答道：「剛才你說：『沒有我們這幾十萬條破槍，我們固然不能生存，你們也無人理睬。』確係實情。二十三年我就在南京被囚於所謂政治招待所。毛先生，現在你我都是受壓迫的政黨，處境可說大致相同。可是你們尚有槍桿保衛的地區以生存，我們真是飄零可憐，任人宰割……」（以上見蔣勻田著《中國近代史轉捩點》），蔣勻田「不幸言中」，民、青兩黨從此即「飄零可憐，任人宰割」。諷刺的是，重慶和談四十多年後，國民黨方始碰到除共產黨之外，它必須「認真對待」的第二個反對黨，那就是今天的民進黨。

身為青年黨的三大領袖之一（另兩人是曾慕韓、左舜生），李璜既要應付共產黨，也要對付國民黨，而青壯年時代的李璜並不是一個軟弱的人，他在留法期間籌組青年黨與中共對抗，回國後與國民黨周旋，都有令人激賞的表現。一九四七年四月，國民政府改組，國民黨為拉攏在野黨以壯聲勢，乃邀民、青兩黨入閣，青年黨決定推派左舜生出任農林部長，李璜則出任經濟部長，但遭李璜拒絕。李璜說：「我其時早已深感國民黨人無能，已將財政弄得如此混亂，法幣貶值，江河日下，工商百業，必趨崩潰；我們黨外人無法去干預政府財政，而設法加以改革，則經濟部長是要扶持工商發展，如何能去做呢！青年黨是有政治主張的政黨，而我自參加國民參政會財政經濟組的召集人以來，八年之間，曾公開主張財政要跟著經濟政策走，而孔宋之流毫無此種政策頭腦，一味無計畫、無預算的亂挪亂用，到了抗戰末期，完全靠『白紙變蛋』的在玩財政的把戲，以支持國用；因此才會財政混亂，金融破產而工商業也隨之失去正軌，大家以投機取巧為能。在這種財政已不成其為『政』之下，去做經濟部長，只有隨著財政當局去詐騙人民財物，我又何能去同流合污！」

李璜又說，他不願就任經濟部長另有三點理由：（一）青年黨中常委做政府官員的人太多，影響黨的形象；（二）蔣介石拒絕民、青兩黨過問政府用錢之事，對李璜所提「三黨共同監理中央銀行」一事，不肯寫成條文，李說：「如果蔣先生對用錢還是隨其所欲，則經濟必然更形破產，然則這個經濟部長又何能做！」（三）李璜出長經濟部任命一經發表，陳立夫即送其一封信，向他推薦「整整一百人」，請其安插於經濟部，李表示「今國民黨當權派不明此理，好像經濟部既由李璜擔任，則此部便是青年黨的私產了；經濟部各級職員在千人以上，……故陳立夫視為國民黨分占一百個飯碗並不為多，這簡直不成話說！」

李璜與將出任行政院長的張群長談，張告以「外匯的帳是在蔣先生手裡，莫有人是能去過問的。」李乃說：「我早已懂得這件事，此經濟部長之所以無法去做，因對工商界無法交代也。」李璜為了堅定拒不就任的決心，跑到上海躲了十幾天，行政院政務委員雷震曾到上海找他，遍尋不獲，國府乃改命另一青年黨領袖陳啟天出長經濟部。

「勤工儉學」埋下禍根

李璜（字幼椿），一八九五年生於四川成都，祖籍陝西三原府涇陽縣。十八歲前，未離開過成都，就讀私塾和英法學堂，故外文有點基礎。十八歲時到上海，肄業震旦大學，與曾琦、左舜生同學。此三人之姓氏剛好與晚清中興名臣曾（國藩）、左（宗棠）、李（鴻章）相同，日後並一起籌組「少年中國學會」和青年黨，同為國家主義和民主政治奮鬥。

李璜一生事蹟以參與「少年中國學會」、留法時期協助「勤工儉學」學生、建立青年黨、加入東北義勇軍、參加國民參政會、出席舊金山聯合國制憲大會以及調解國共之爭為主。

一九一八年六月，王光祈、曾琦、張夢九、李大釗、周太定、陳愚生、雷寶菁等七人發起的「少年中國學會」，會員共有一百多人，對近代中國的社會與政治，影響極大。「少中」會員具青年黨籍的有十六人，如曾琦、張夢九、李璜、左舜生、何魯之、余家菊、陳啟天等人；具中共黨籍者有十四人，如李大釗、毛澤東、鄧中夏、張聞天、劉仁靜、張申府、惲代英、趙世炎等人。學術和企業界人士而具「少中」會籍者更多，約有八十三人，其中包括朱自清、楊鍾健、方東美、袁同禮、吳俊升等人。

李璜在一九一九年至一九二四年留法期間，以兩年時間獲得頗受敬重的巴黎大學文學碩士學位。國家級的碩士學位遠較「大學博士」學位更為值錢，李璜說這種大學博士學位，不須先考碩士，完全由大學作主發給博士文憑，但法國學生沒有人去要此學位，全係外國學生投考，「手續簡便」。在法國學界，真正值錢的是國家碩士與國家博士。

留法時，正值凡爾賽和會開會，李璜曾代表《上海新聞報》採訪會議，並親自訪問了英國首相勞埃．喬治與法國總理克里蒙梭。但對李璜而言，花都五載中最大的事當然是參與「勤工儉學」計畫，與萌芽期的中共對抗以及組織青年黨。李璜對李石曾、吳稚暉所發起的「勤工儉學」運動的評價是：既不能工又不能讀。他說：「留法勤工儉學失敗了，而失敗的後果，竟犧牲這許多的優秀青年分子，且為國家貽留下一大堆禍害；誰作厲階，至今為梗，吳、李兩先生的留學政策，是不能辭其未細察與無遠見之責的。」

李璜確係有感而發，他親自目睹了勤工儉學計畫如何培養了中共早期的一流幹部，如周恩來、李富春、鄧小平、聶榮臻、陳毅、李立三、徐特立、何長工、蔡暢、蔡和森、陳延年、陳喬年、趙世炎、王若飛、向警予、李維漢、張申府和劉清揚等人。其中蔡和森、蔡暢、向警予（二蔡為兄妹，向則為蔡和森之妻）、李維漢、李富春、李立三和徐特立等人，都受過李璜的照顧。而鄧小平、陳毅和聶榮臻抵達馬賽港時，李璜曾親去接船照應。

李璜說，他在一九二〇年到馬賽碼頭接船時，便遇著鄧小平。李說：「船上載有二百人，中有九十二個四川籍者。鄧小平首先登岸，向我報告，船上有九十多位同鄉，他都安排好了，每十人為一組，共有九組，行李也分作九大堆，以備我一隊一隊的引導他們上岸，過海關，驗行李。這一來，我便不大費事，甚有秩序的便將九十二人帶上碼頭，……不像李乃堯（另一接船者）跑得滿頭大汗，照料廣東及北大學生，顧此失彼，而且行李弄掉一兩件，大受抱怨。鄧小平其時年歲不過十七、八歲，並不叫鄧小平，而叫作鬫澤高，同來的都叫他『小鬫』；我在點名上車時，照名單也喊鬫澤高，他答應我的呼聲不誤……因有這一次的接觸，我對他的印象頗佳，知其並不單純，安心去當一個『油印博士』就算了……因是我囑咐同志不要輕視鄧小平，還得當心此人。」周恩來離法後，鄧小平即成為頭兒。

一九二三年十二月二日，青年黨成立於巴黎郊外玫瑰城共和街，曾琦、李璜、李不韙、張子柱、胡國偉、何魯之、梁志尹為發起人。

李璜於一九二四年夏天返國後，即與曾琦創辦《醒獅日報》，並在武昌大學、北京大學、成都大學、成都高師等校任教，並撰寫時論，宣揚國家主義，發展黨務。一九三二年春天，李璜前往東北組織東北義勇軍抗日，台灣籍的丘念台曾自香港匯給他二萬大洋經費。一九三三年中日簽訂塘沽協定後，中國軍警「依照敵人旨意辦事」，準備捉拿義勇軍首領，李璜適在北平，情勢危急，幸獲胡適之助，微服逃往天津。

青年黨雖是微不足道的反對黨，但其領導人經常受到國民黨特務的監視和跟蹤。一九三九年八月，張群向李出示一大本正楷寫滿紅格紙的精裝本，封面寫的是《李璜最近之言行實錄》，此書原來是中統特務監視李璜之後，寫給蔣介石看的報告。張群對李說：「蔣先生看了，不大高興，故叫我來問問，其實並無別意，不過要老兄謹言慎行一點而已。」李聽了大怒，對張說：「蔣先生竟把我在當小學生看！我受不了！我非去與他辯論一番不可！」張再三勸他「以國事為重，不要灰心，特務報告，蔣先生並不認真注意的。」

一九四五年、四六年之交，李璜曾拜訪當時掌握軍權的陳誠。李說：「在訊問他川軍復員的辦法之後，我順便向他說到共軍之不易對付與國軍已疲乏的這一見地。不料陳誠竟面紅筋脹的答覆我道：『李先生不要去信共匪的宣傳！國軍六個月內便定能消滅共軍，請放心！』陳誠這兩句話，使我無法再說下去，我總感到他太矜驕一點了。」

大陸變色後，李璜曾在印尼爪哇經商，但做生意非其所長，乃卜居香港。其時，張發奎將軍出資邀一些文人辦《聯合評論》，李璜常在周刊上撰稿。一九六〇年九月，《自由中國》半月刊發行人雷震被捕，張君勱與謝扶雅等人發起組織「第三勢力」，張在美自組「自由中國協會」，謝則在美東成立「中國復興同盟」，當時定居新澤西州女兒家的李璜，常和謝扶雅等人晤談國事，但未加入同盟。

李璜著有自傳體的《學鈍室回憶錄》，上卷在台北和香港出版，當時下卷則不准在台印行，只能由香港明報月刊社出版，發行海外。上下兩卷都具史料價值，為了解近代中國變遷的必備讀物。

李璜以垂老之年，返台定居，似乎是「歷史之必然」。在他生龍活虎的時代，青年黨既已鬥不過國民黨，老年的時候，只好依舊「臣服」於國民黨之下。從接任經濟部長到出任總統府資政，正可看出李璜與青年黨的滄桑與悲劇！

「新聞動物」陸鏗

前南京《中央日報》副總編輯兼採訪主任陸鏗（號大聲、大膽）於二〇〇八年六月二十一日美國西岸時間傍晚病逝舊金山。《亞洲週刊》邱立本兄和《中國時報》郭崇倫兄後來告訴我，他們打過幾次電話約我寫紀念文章，但都找不到我。錯過為文悼念陸大聲老前輩的機會，一直讓我遺憾不已。二〇〇九年五月初，崔蓉芝大姊來電說準備出一本紀念陸鏗的專輯，希望我能寫一篇文章，我一口答應，老天似在冥冥中安排我終有機會彌補缺憾。

第一次聽到陸鏗的名字、看到他的文章，是在一九七九年。陸鏗以「陳棘蓀」（紀念遭台灣政治迫害的好友李荊蓀）的筆名在十月號《明報月刊》（中共建政三十年專輯）中寫了一篇轟動海外的長文〈三十年大夢將醒乎？〉，兩年後（即一九八一年），陸鏗訪問美國，在舊金山拜訪《遠東時報》，當時我和邱立本都在該報工作。記得報社由社長許世兆、總編輯俞國基出面在一家廣東菜館請陸鏗吃飯，大家聊得頗為盡興。我記得陸鏗一再強調大批大陸留學生學成歸國後（當時還沒有「海歸派」這個名詞），肯定會促成中國走向民主。陸鏗自稱是個「天性樂觀」的人，常從正面和長遠的角度看問題。但我對他的看法，頗為存疑。

一九八二年秋天，美洲《中國時報》在美國東西兩岸創刊，總社設於紐約，我有幸和我從小即仰慕的老報人龔選舞共事。經常聽他談起當年在南京、台北、巴黎和紐約的採訪往事與近代人物，而龔老又有驚人的記憶力，每次和他聊天總是獲益無窮。後來知道龔老和陸鏗是連襟，我對陸鏗即有了更進一步的認識。

過去二十多年，我和陸鏗接觸並不多。記得有一次他打長途電話問我一九四一年羅斯福和邱吉爾簽署的〈大西洋憲章〉的具體內容，他說他只記得有「免於恐懼的自由」。另有幾次，他特別打電話給我稱讚我寫的文章，語多獎勵，充分展露一位長者的關懷和寬廣的胸襟。二十餘年來，我一直在注意這位前輩的動態，讀他的報導、時評和回憶文章，他也曾親筆簽名送我《胡耀邦訪問記》和《大記者三章》。有一年（大約是二〇〇一年），黃光芹從台北打電話給我，提到陸鏗手上有一本他的好友衣復恩將軍所寫的不對外發行的《我的回憶》，我聽了馬上拜託光芹請陸鏗幫我要一本。我終於在二〇〇二年五月十六日收到光芹航空寄來《我的回憶》，扉頁上有「博文兄，大聲陸鏗問候，二〇〇一、六、八」的簽名。衣復恩這本回憶錄極有史料價值。陸鏗在大陸蹲過二十二年苦牢；曾為蔣介石駕駛座機又曾負責黑貓中隊的衣復恩亦曾在台灣坐過三年冤獄。

鏗然有聲的「陸大聲」

陸鏗是中國近代新聞史上的一位傳奇人物，他本身就是一部新聞史的縮影。陸鏗對新聞的狂熱、對採訪的專注，即便在西方新聞界亦不多見。龔選舞說他「有膽有識、粗中有細，才使他在新聞界成了大功，久享大名。」中國近代新聞界不乏一流寫手，有的擅寫時評，有的善於寫專論，但在挖新聞、追新聞、搶新聞（甚至製造新聞）方面，幾無人可與陸鏗相比。即使他身陷大陸又遭拘禁二十二年，一朝獲得自由，他的新聞引擎馬上啟動，他的採訪火苗立刻燃燒。可以這麼說，陸鏗的血管不只是流著血液，亦流著油墨。

陸鏗有衝勁、有幹勁，他不僅能衝鋒陷陣，亦能運籌帷幄，指揮採訪、調配人力、布置戰陣，一切以搶得獨家新聞為第一。陸鏗具有遠比一般新聞同行更銳利的新聞嗅覺，而其在當權者之間的活動能力更是壓倒群雄，這也是他能夠一再獲得獨家新聞的原因。尤其是在二戰末期與國共內戰期間，重慶和南京枱面上的國共領導人與持節來華的美國使節都是重要的新聞來源，陸鏗的口才與應酬能力使他在官場上如虎添翼。有些熟識陸鏗的人說，陸鏗的口才與交際手腕連出色的外交官亦望塵莫及，而他也充分發揮他的口才和社交能力去挖新聞。也有人說，陸鏗說比寫好，亦即口才比文章還要好；如果不是從事新聞工作，陸鏗亦必是一流的外交人才。

陸鏗的採訪傑作（如上世紀四〇年代揭發孔宋貪污、八〇年代專訪胡耀邦），數十年來膾炙人口，已成為新聞採訪的典範。位於紐約曼哈頓西四十三街的《紐約時報》舊大樓大廳有一座前《紐約時報》發行人艾朵夫・奧克斯（Adolph S. Ochs）的雕像，雕像後面的牆上刻有奧克斯於一八九六年八月十八日買下《紐約時報》（創刊於一八五一年）後的辦報宗旨：「無視於任何黨派、團體和利益集團的包圍，以大公無私的態度處理新聞，無所畏懼亦無所偏袒。」事實上，這些宗旨即等於老《大公報》所標榜的「四不」報格：「不黨、不賣、不私、不盲」，而「無所畏懼亦無所偏袒」（without fear of favor）更是古今中外每一個新聞工作者必須秉持的道德勇氣與專業良知。

陸鏗的新聞生涯十足展現了「無所畏懼亦無所偏袒」的報人特質，他擁有「雖千萬人吾往矣」的大無畏精神，也有「說大人則藐之」的傲骨。因此。他會在國民黨大老陳立夫前面，痛斥做過蔣介石的秘書、又當過《中央日報》總編輯、社長與董事長的曹聖芬。一九九七年八月三十日，陳立夫過生日，邀陸鏗、葉明勳、丁中江、劉紹唐、閻奉璋和曹聖芬到台北來來飯店吃飯。

對陸鏗有成見的曹聖芬看到陸鏗在場，即對陳立夫說：「今天陸鏗在這裡，這頓飯我是不能吃的。」陸鏗為緩和氣氛，乃向陳立夫說：「聖芬是政校老大哥，他曾在國民黨中央常會罵我是匪諜，那已經是過去的事了。」曹聽了，馬上指罵陸鏗：「我不但過去罵你是匪諜，我現在還要罵你是匪諜！」

陸鏗立即回敬道：「你有什麼資格罵我是匪諜？《中央日報》本來是全國知名的大報，但到了你手上，不是辦報，而是做官。不考慮讀者的願望，滿足讀者知的要求，而是主觀地不准搞新聞競爭，不重視獨家新聞；有時甚至擺出領導群雄的姿態，還要管到別家新聞報導的事，甚至動不動給人戴帽子。在言論上，更是滿篇八股，毫無新意，結果報紙進一步脫離了讀者，一蹶不振。你想想，你對得起《中央日報》同仁嗎？你對得起國民黨嗎？你對得起台灣同胞嗎？」

陸鏗連珠砲地大聲「罵曹」。臉色鐵青的曹突冒出一句：「你放屁！」陸鏗快速反擊：「你放狗屁！」曹即怒沖沖離去。陳立夫搖頭說：「聖芬怎麼會是這樣？」

這兩個「老男人」、也是老報人的對罵，可說是民國新聞史上一個難堪的註腳。但在相當程度上亦折射了國民黨黨報《中央日報》由盛而衰終至關報的一段歷史。在馬星野的領導下，李荊蓀、陸鏗、龔選舞和漆敬堯等一批專業人才戮力奉行先「日報」、後「中央」的新聞原則，為央報開創了黃金時代；而陶希聖、曹聖芬等「黨國大老」則高舉先「中央」、後「日報」的大纛，結果，《中央日報》便從此敗亡！

大起大落的大記者

《紐約時報》辦報宗旨裡說：「以大公無私的態度處理新聞。」老實說，「大公無私」

▲陸鏗（左）與徐復觀在香港蔡元培墓前合影。
▼陸鏗性喜打抱不平，亦愛管閒事。一九八六年，紐約華人學界兩巨頭唐德剛和夏志清因思想、文學、見解和立場殊異而撕破臉，雙方大打筆仗。多年「侷促的友誼」，終於爆裂。陸大聲於一九八六年十月一日在紐約酒席上當和事佬，力促兩名學者擁抱言和。

（impartiality）比「無所畏懼亦無所偏袒」更難做到，環顧美國近代新聞界（包括平面和電子），能夠自稱「大公無私」的報人和媒體可謂少之又少。即便是名揚全球的專欄作家李普曼（Walter Lippmann，一八八九～一九七四）、雷斯頓（James Reston，一九〇九～一九九五）以及當年主導《華盛頓郵報》挖掘水門事件新聞的總編輯班傑明・布萊德里（Benjamin Bradlee）等人，也都被批評與當權者太過接近。李普曼為一批政治人物（包括總統、州長）捉刀撰寫演講稿，第二天又在他自己的專欄中稱讚那篇演講稿，而遭史家訕笑。雷斯頓與白宮、國務院關係太密切，而布萊德里與甘迺迪總統又是「哥倆好」，皆曾遭人詬病。

陸鏗亦不例外。他有許多新聞史上的經典傑作，但也有不少令人搖頭的缺點與短處。他有時會顯露所謂「無冕皇帝」的傲慢，他在《陸鏗回憶與懺悔錄》中深切後悔當年修理中國駐日軍事代表團團長朱世明與日本影歌星李香蘭關係的不實報導。陸鏗自稱他寫的這篇報導「不盡不實」，「是一篇非常拙劣的東西」。

陸鏗代表南京《中央日報》採訪朱世明將軍，自認《央報》為全國大報，但他個人未受朱世明重視，「因而產生一種病態心理反彈」。陸鏗又說：「當時入行不滿七年，缺乏專業記者修養，自以為是，任性而為，犯了錯誤，還很得意。」陸鏗跑新聞像頭蠻牛，所寫報導有時欠缺查證或再查證，而出現失誤，既傷人又誤事。

陸鏗的新聞生涯亦常犯踩線、越線與角色錯亂的毛病，在一些具爭論性的議題上，他經常忘了自己的身分，而變成一個色彩鮮明的「鼓吹者」（advocate）。

陸鏗自己亦承認：「記者為了採訪新聞與政治人物接觸是必要的，但本身捲入政治就犯了大忌，而這應該說是自找的，咎由自取，不怪別人，也應懺悔。」又說：「我五十多年從事新聞工作，積累了一些經驗，也有不少教訓，教訓最深重的就是對新聞的興趣太大，連帶地對政治也感興趣，結果把一些原則擲諸腦後，任性而為，有時甚至得意忘形，給自己帶來不少麻煩。」

一九九〇年五月，香港新華社社長許家屯突然離港赴美，震撼海外，陸鏗和許家屯有私交，代許家屯舉行記者招待會時痛批中共總理李鵬為「弱智兒童」，而使他再度陷入政治泥淖。陸鏗說：「連我在中文大學新聞傳播系教的學生都感到不解。他們問我：『老師，你教我們的時候，不是強調記者報導要客觀，尤其要避免捲入政治嗎？』我除了承認：『這正是我的問題。』還能說什麼呢？」

陸鏗是個徹頭徹尾的媒體人，更是「新聞動物」。但他愛攬事，又自以為擁有尚方寶劍，因此，常模糊新聞的界線與記者的職責。這種不足取的「特色」，在老一輩中外新聞工作者身上特別多，而形成所謂「權力掮客」（power broker）的一群。

陸鏗的報人生涯多彩多姿，有風光也有苦難，有大起也有大落，但他從不向命運低頭，就像他在新聞戰線上從不向權力低頭。

他的一生，在中國近代新聞史上已占有重要的一頁；所有新聞系的學生和關切中國近代史與報業史的人，都應該花點時間去熟悉陸鏗的歷史，以了解他的八十九年歲月是怎麼走過來的。

附注：陸鏗生於一九一九年，雲南人，其元配為楊惜珍醫生。後來與被台灣黑幫和情治單位聯手刺死的記者兼作家江南（劉宜良）的遺孀崔蓉芝結縭。陸鏗因老年癡呆症引起的併發症去世。

口述歷史開路人唐德剛

以耀眼的文采、豐厚的學養和獨特的史識而蜚聲海內外的口述歷史大師唐德剛，二〇〇九年十月二十六日因腎衰竭病逝於舊金山附近的佛列蒙（Fremont），享年八十九歲。唐氏晚年曾數度中風，並罹患失智症（老年癡呆症），二〇〇九年則被診斷有腎臟病。自一九四八年留學美國、負笈哥倫比亞大學後，唐氏縱橫紐約學術界、文化界逾一甲子，二〇〇九年春天始不捨地告別他長住數十年的新澤西，西遷加州，以便鄰近建築師兒子唐光儀和電腦師女兒唐光佩。

唐德剛於一九二〇年八月二十三日生於安徽合肥，一生「徽音」不改。抗戰時代畢業於重慶中央大學（一九四三年），由於蔣介石曾一度兼任國立中央大學校長，六〇年代唐氏以留美學人身分訪台獲蔣召見時，曾風趣地當面對蔣說他畢業於中大，是「天子門生」，蔣聽了不覺莞爾。唐氏於一九五二年獲哥大碩士，一九五九年獲史學博士，博士論文為一八四四年至一八六〇年間的中美關係，一九六四年成書出版。唐氏曾任教哥大及主持該校中文圖書館並參與負責口述歷史計畫的中國部分。離開浸潤二十餘年的哥大後，唐氏執教於紐約市立大學系統下的市立學院近二十年，直至一九九一年榮休，其間曾任亞洲研究系系主任。唐德剛一生撰述不輟，風行兩岸三地的著作包括：《李宗仁回憶錄》、《胡適口述自傳》、《胡適雜憶》、《顧維鈞回憶錄》、《晚清七十年》、《袁氏當國》、《史學與紅學》、《毛澤東專政始末》等二十餘種。唐氏為人熱心、談吐幽默、交遊廣闊，一口濃重的合肥腔普通話，在海外華人文化界頗具「餘音繞樑」之效。一九九一年與海外華人業餘史學家共同創設「中國近代口述史學會」，以發揚口述歷史。據該會會長禤福煇透露，唐氏於西遷加州之前，響應華人圖書館專家馬大任（與唐氏同庚）所發起的「贈書中國計畫」，將一百二十四箱藏書贈送安徽大學。唐氏並將所有書信與手稿，交給口述史學會庋藏研究，而唐氏數十冊日記則由唐夫人吳昭文女士攜往加州。唐德剛於五〇年代學胡適使用紅皮標準日記本寫日記，從一九五三年記到二〇〇七年，已積五十四本。在日漸凋零的老一輩中國留學生裡，才華洋溢的唐德剛是佼佼者。環顧海內外，於抗戰勝利至大陸變色期間出國深造的留學生，今仍健在的已寥若晨星。

與唐氏深交數十載而曾在八〇年代中因論辯《紅樓夢》與唐氏打過短期激烈筆戰的文學大師夏志清，小唐德剛一歲。與唐德剛差不多同輩但不同行的老留學生，以楊振寧（一九二二年生）身體最好；比唐氏大三歲的史學大師何炳棣於二〇一二年辭世。同輩周策縱（一九一六年生）、黃仁宇（一九一八年生）、劉廣京（一九二一年生，中研院院士）和徐中約（一九二三年生）四位史學家皆已作古。

唐德剛寫活了歷史

唐德剛就像許多早期留美學生一樣，中英文造詣皆深，而唐氏天生文采斐然，文章和專書都能享譽華人讀書界殆非偶然。唐氏打響知名度的著作可說是《胡適雜憶》和《李宗仁回憶錄》二書。《胡適雜憶》使唐德剛名震兩岸三地，而《李宗仁回憶錄》則奠定了唐德剛在口述歷史上的大師地位。

唐德剛說：「一九七二年秋初，美國哥倫比亞大學的東亞研究所所設中國口述歷史學部公布

中國口述歷史開路人唐德剛於二○○二年六月二日留影於新澤西州自宅書房。唐教授辭世後，其夫人吳昭文移居北加州，離子女住所不遠。（湯晏提供）

二〇〇二年六月二日唐宅的一場小型盛會。右起：史學家湯晏、唐德剛、唐夫人吳昭文、英文《五四運動史》作者周策縱、大陸問題專家司馬璐、業餘作家朱學淵。（湯晏提供）

了一部分中國文人的口述歷史自傳，由紐約時報財團所經營的美洲微縮膠片公司影印發行。其中關於胡適部分，原也是筆者二十年前襄贊胡適先生，斷斷續續地記錄、整理和編寫出來。」台灣《傳記文學》於一九七八年買到《胡適口述自傳》英文版翻譯權後，請求唐氏譯成中文。唐氏重睹二十年前的舊稿，乃「就本稿編撰始末和筆者個人由認識到襄贊胡先生的往還和工作的經過，做一簡短的交代」。幸好唐氏並未「做一簡短的交代」，而是洋洋灑灑地寫了一篇引人入勝而又辭豐意縱的《胡適雜憶》長文，連載於《傳記文學》。夏志清為成書出版的《胡適雜憶》寫序說：「《胡適雜憶》不止是篇回憶錄，它暢談歷史、政治、哲學、文學、文字學，以及其他一切胡適生前關注的學問，比起《李宗仁回憶錄》來，更令人見到德剛才氣縱橫、博學多智的這一面。」夏氏又說：「同胡適一樣，唐德剛的中文文章比他的詩詞寫得更好。《胡適雜憶》出版後，我想他應公認是當代中國別樹一幟的散文家。他倒沒有走胡適的老路，寫一清如水的白話文。德剛古文根底深厚，加上天性詼諧，寫起文章來，口無遮攔，氣勢極盛，讀起來真是妙趣橫生。」

唐德剛說：「五〇年代初期，也是大紐約地區中國知識分子最感窒息的時代。當年名震一時的黨、政、軍、學各界要人，十字街頭，隨處可見。但是他們底言談舉止，已非復當年。」胡適其時正「流亡」紐約，當一個苦悶、清閒的紐約客。唐德剛說：「胡先生那時在紐約的生活是相當清苦的。當然清苦的也不只他一人，在那成筐成簍的流亡顯要中，大凡過去比較自持比較廉潔的，這時的生活都相當的窘困。陳立夫先生那時便在紐約郊區開設個小農場，以出售雞蛋和辣醬為生。」唐德剛回憶說：「胡先生那時經常在哥大圖書館內看書，來時他總歸要來找我，因為我是館內他所認識的、唯一的一位華裔小職員。我替他借書、查查書。有時也為他開開車，並應召到他東城八十一街簡陋的小公寓裡吃一兩餐胡伯母所燒的『安徽菜』。胡伯母（江冬秀女士）的菜燒得和她麻將技術一樣地精湛。」唐氏又說：「記得有一次胡先生要我替他借一本大陸上出版的新書。我說哥大沒有這本書。胡先生驚訝地說：『我們哥倫比亞怎能沒有這本書?!』」唐氏感慨地說：「胡適之的確把哥大看成北大；但哥大並沒有把胡適看成胡適啊！」曾在哥大任教數十年的夏志清說：「德剛這句沉痛的感慨一點也沒有言過其實。」

胡適常說自己是個「不可救藥的樂觀主義者」，但他寓居紐約那幾年卻幾近「窮愁潦倒」。唐德剛說：「他面對晚年生活的現實，有時也難免流露出他發自內心的鬱結。他不只一次的告誡我：『年輕時要注意多留點積蓄！』語意誠摯動人，聲調亦不無淒涼歎息之音。」當時流亡華府、與汪精衛政權決裂的高宗武擅長炒股票，曾幫胡適賺了一筆錢。而胡適接受哥大作口述歷史時，唐為他申請到三千美元一年，胡適感激不盡。

唐德剛在《胡適雜憶》中寫活了胡適之，為中國的傳記文學提供了最有價值的材料，同時也使世人從唐德剛的生花妙筆中更了解胡適真誠可愛的一面。胡適於一九五八年應蔣介石之邀赴台出任中央研究院院長，始結束他在紐約的落寞生活。

唐德剛在哥大中國口述歷史計畫中第一個訪問的是胡適，以後又陸續訪問過李宗仁、顧維鈞和陳立夫等人。唐德剛說：「我這個人可能運氣好，很容易和他們搞到一起。胡先生很厲害，對我像家長一樣，經常教訓我怎麼做學問啊；李宗仁跟我連距離都沒有了。李宗仁的太太（郭德潔女士）到香港，就剩我和李宗仁在家，李宗仁在家燒飯給我吃。我跟李宗仁也熟到我可以問他你女朋友叫什麼名字的地步；顧維鈞則始終跟我保持距離。」唐氏又說：「李宗仁也是我建議哥大為他做口述歷史的，但當我剛開始找到李宗仁時，他不敢談，顧維鈞最初對我心存戒心。他們知道我的老婆（吳昭文）是國民黨ＣＣ系（陳果夫、陳立夫）要人（前上海市政府社會局長吳開先）的女兒，我是ＣＣ的女婿，所以李宗仁和郭德潔談話都很小心。有一次我們隨便談到這兒時，他說，德剛，這ＣＣ有功勞啊，我說，ＣＣ也未必有什麼功勞。他說，德剛，你也敢講你丈人啊！我說我是搞歷史的、中立的，跟官僚不一樣。他很高興，趕緊讓郭德潔多做飯給我。李宗仁我給他搞了六、七年，慢慢處得像家人一樣。」《李宗仁回憶錄》出版後，有些親國民黨的史家貶其為是唐德剛的回憶錄而不是李宗仁的。李宗仁於一九六五年返回大陸定居，一九六九年一月三十日病逝北京，終年七十七歲。

杯酒言歡結束筆仗

一九八六年五月至十月，紐約華人文化界爆發了一場震撼海內外的紅樓論戰。唐德剛首先發難，發表一篇〈海外讀紅樓〉論文。他說，《紅樓夢》是中國小說走向現代文學的第一部巨著，研究《紅樓夢》，不能純用西方比較文學的角度，而應從「社會科學處理之方法」入手，了解當時文化社會經濟背景，才不致對這部巨著的精髓「隔靴搔癢」。

唐氏並批評五四前後，不論左右的留學生，乃至目前在哥大任教的夏志清，皆一味堅信非崇洋西化，則中國小說不足觀，實為「妄自菲薄的文化心態」。唐氏又說，中國大陸的文學批評界早年由批胡適、反胡風、反右、以至文革，造成極左教條主義。而夏志清和其兄夏濟安（已故）三十多年來在海外推廣的文學批評，其觀點則是由崇胡適、走資、崇洋而極右。唐氏強調：「如今海內『極左』者，俱往矣！海外之『極右』者，亦應自知何擇何從學習進步也！」

唐文發表後，在兩岸三地華人讀書界掀起了一陣巨浪。遭到唐德剛點名批判的夏志清不甘示弱，亦寫了一篇近兩萬字的〈諫友篇——駁唐德剛〈海外讀紅樓〉〉，以犀利的文字和旺盛的火氣痛批唐德剛。夏氏說：「唐德剛教授常常在文章裡開我的玩笑，我從不計較。二十四年的老友了，他要在筆上占我些小便宜，也就由他，反正不會有人相信那些並不可笑的笑話的。五月初在五月號《傳記文學》上看到了他的新作〈海外讀紅樓〉，發覺他不再善意的開我玩笑，而是在惡意的謾罵了。」

唐德剛隨後又寫了一篇〈紅樓風雨急——對夏志清大字報的答覆〉。唐、夏的文章都充滿火藥味，亦不乏人身攻擊的詞句。兩位學高望重的學者竟撕破臉大打筆仗，可說是海外學術界和文化界前所未見的一樁大事。

海外媒體和知識界為免事態繼續惡化，在陸鏗等人的居間撮合下，於十月十日在曼哈頓山王飯店藉歡宴《傳記文學》創辦人劉紹唐和大陸名作家蕭乾訪問紐約的酒席上，敦促唐、夏杯酒言歡。唐、夏二人以含淚「熊抱」、夏氏親吻唐氏臉頰結束四個多月的「內戰」。

中國知識界多少年來即流傳：「不可辯紅樓，一辯就會吵架」的說法，觀諸唐、夏之爭，信不誣也！唐、夏雖告和解，但兩人的友誼畢竟已蒙上了陰影。然而，唐、夏之爭亦涉及到兩個人不同的個性和政治態度，夏以反共自豪，唐則訪問兩岸多次。

口述歷史大師唐德剛如果有遺憾的話，那就是他未能為少帥張學良做一完整的口述歷史。目前坊間出版的所謂張學良口述、唐德剛著的《張學良口述歷史》，其實有誤導之嫌。一九九〇年年初，張學良在台北想請唐氏為其做口述歷史，「替他寫一部李宗仁式的回憶錄。我雖然內心也覺得值得一寫，但是我還是誠懇地告訴他有關工作量和年齡的問題……我並誠懇地問他：台灣是人才濟濟的地方，為什麼要捨近求遠？他只是搖搖頭，意思是，在台灣這個地方，替他寫傳記的人，不可能公正落筆，還是美國好。而我就向他建議，就仿照李宗仁的辦法，將來由哥倫比亞大學主持其事。」

唐氏說：「我估計寫他那樣一本雙語傳記，至少要有三年以上的苦功。要有研究計畫、專任研究員和專任或兼職助理，有足夠的參考圖書，最好還要有專家組織的顧問和襄贊委員會。動手之前，至少要有現成美金十萬、二十萬的基金，這都是一個一流大學的專門計畫；不是我這個七十老翁一個人可以幹得了的。」張學良一再對唐氏說：「還是就照李宗仁傳的辦法，寫寫看嘛！」唐德剛說；「我內心立刻的反應，便是絕對不能『寫寫看』！」

由於唐德剛的過度慎重、考慮太多，而沒有為少帥做口述歷史，只是把他和少帥的數次談話整理成書。唐德剛失去了機會，卻由住在紐約的少帥女友蔣士雲（前銀行家貝祖詒的遺孀、建築師貝聿銘的繼母）介紹張之宇、張之丙兩姊妹（張之丙在哥大教中文而取得哥大的合作）為少帥做了一部錯誤百出、普遍遭到學者專家訕笑和批評的口述歷史（參見林博文著《張學良、宋子文檔案大揭秘》，時報出版）。張氏姊妹和少帥在訪談中還一起批評唐德剛及《李宗仁回憶錄》。張之宇的聱牙文字及陳腐觀念，尤稱史界「奇觀」！而其刻意巴結怯懦猥瑣、薄情寡義的王克文為其書寫序，尤覺可笑！

唐氏多年前曾上書蔣介石毛遂自薦為其作傳，蔣同意後曾囑總統府祕書長張群函覆唐氏，並建議唐返台寓居南港寫作。唐恐返台寫傳可能會損及研究與寫作自由。最後乃放棄了撰寫蔣介石傳的大好機會，這次損失已無可彌補了！唐德剛以口述歷史留名青史，但他自己卻未留下一部口述歷史；唐德剛以著史作傳名揚天下，卻未撰寫自傳或回憶錄，這都是中國文化界無可彌補的損失。唐德剛旅居新大陸六十餘年，一生關切中國文化與歷史的傳承。他是一個永不忘本的老留學生，也是一個以學問、文章、道德光耀於世的史學家。

周恩來夜宴孔傑榮

一九七二年的六月。美國總統尼克森首次訪問中國大陸之後四個月，對中國有興趣或有研究的學者、記者、作家與一般平民一批批前往仍處於文革後期的中國訪問，他們急著要親眼看看落後、貧窮而又閉鎖的紅色中國。專事研究中國法律的哈佛大學法學院教授兼副院長孔傑榮（Jerome A. Cohen）和他專攻藝術史的妻子柯珠恩（Joan L. Cohen）第一次訪華。柯珠恩因需照顧三個兒子而先行離開大陸，孔傑榮則打算經廣州到香港。孔氏居停廣州時，突接到中國外交部從北京打來的緊急電話，請他立即趕回北京，但未說明理由。同時也在廣州接到急電的是以挑戰政府威權著稱的美國左翼記者史東（I. F. Stone）的兒子、美國科學家聯盟會長傑羅米・史東（Jeremy J. Stone）及其妻子。

孔傑榮和史東夫婦趕緊飛到北京，在旅館靜候進一步消息。外交部要他們下午六時在旅館等候外交部派車接他們。中方雖一直未透露此行目的，但他們心裡都有數，肯定是中國總理周恩來召見他們。車子約在六時三十分抵達人民大會堂，孔傑榮和史東夫婦一進大廳即被引導至一間接待室，進內一看有號稱美國第一把交椅的「中國通」（The China Hand）、哈佛大學名教授費正清（John King Fairbank）及其妻費慰梅（Wilma C. Fairbank，費氏夫婦的中文名字皆為林徽因所取），他們是在陝北延安接到電話趕回北京。還有從西安趕回、做過駐莫斯科特派員、以《列寧格勒九百日》一書享譽全球的《紐約時報》普立茲獎名記者哈利森・索里斯伯里（Harrison E. Salisbury）和他的妻子，以及《聖路易郵訊報》記者李察・達德曼（Richard Dudman）夫婦。中方招待人員把這一群美國客人帶至一個房間，大家一看，周恩來已在裡面，周看到客人進來，一個個握手，並用中國話說：「你好，請、請。」站在旁邊的唐聞生馬上翻成英文。中方陪客則有外交部副部長喬冠華、外交部美大司司長章文晉和北京大學校長周培源（當時稱北大革委會副主委）等人。

一九七二年六月的晚宴是中美關係史上一場不尋常的宴會，賓主雙方談了四個多小時，話題廣泛，從中美台關係、越戰談到派遣大陸留學生赴美等問題。著作等身的索里斯伯里於一九七三年出版《到北京及更遠處：對新亞洲的報導》（*To Peking and Beyond: A Report on The New Asia*）一書裡，收入他寫的那晚聚會細節。索氏把這本書獻給美國老記者、《西行漫記》作者史諾（Edgar Snow）及其他「老中國通」。周恩來常在深夜宴請友邦人士，但這一天卻選擇傍晚六時三十分開席。

主客在安徽廳就座後，周恩來請大家吸煙，美國客人全都婉謝，中方則人手一支。周打開話匣子：「聽說美國香煙包裝上已印了抽煙有害健康的警告。」但他不同意吸煙有害健康的說法，他說還需作進一步研究，並建議中美兩國合作研究，美國科學家聯盟會長史東馬上贊成。周恩來雖不講英語，但對口語英文的理解力卻很強，從美國國家檔案館所蒐藏的尼克森訪華紀錄片中，可以看到周的英語理解力甚至超過擔任翻譯的喬冠華的第二任妻子章含之，周曾多次糾正章含之的誤譯。費正清於中國抗戰時代在重慶待過幾年，周恩來即問他：「你認識龔澎吧？」費氏說認得。龔澎當時是中共駐重慶的發言人，是喬冠華第一任妻子，西方記者對她極為傾倒。龔澎才貌雙全，章含之則貌過於才。喬、龔、章皆已辭世。

推動白宮承認北京

周恩來是個很周到、體貼的主人，他向孔傑榮表示很遺憾他的妻子要先回美國照顧孩子。周說，家裡有小孩，做一些事比較不方便，他並透露楊振寧當天到上海，本來夫妻要一起來，但也因孩子需人照顧，妻子只好留在美國。孔傑榮對周恩來說，他和費正清及其他學界同事曾於一九六八年十一月尼克森當選總統後，遞送一份改善美中關係的備忘錄給尼克森，建議派特使到中國打破外交僵局、承認北京、中華人民共和國應進入聯合國等。簽名的還有哈佛教授傅高義（Ezra F. Vogel）、史華慈（Benjamin Schwartz）、賴世和（Edwin O. Reischauer）、柏金斯（Dwight Perkins）、麻省理工政治學者白魯恂（Lucian Pye）和哥倫比亞大學教授鮑大可（A. Doak Barnett）等人。周對孔傑榮說：「你和費正清可以感受到美國人民的脈動，但美國政府仍感受不到。」周亦強調，由於中美兩國政府都互相採取敵對態度，因此雙方都需要走一段彎曲的道路，不能僅責怪美國敵視中國，中國亦因台灣問題而敵視美國。孔傑榮向周表示，希望越戰早日結束，亦希望周氏早日訪問美國。但周搖頭說他年紀大了，同桌的人（指中方客人）都有機會去（章文晉後來做了駐美大使），但他已不可能。席間，費正清向周提議兩國盡早開始交換語文老師和學生，周卻面有難色。他說，大陸學生在美國如碰到台灣留學生怎麼辦？他們也許會發生衝突。史東建議把大陸留學生送到沒有台灣留學生的美國大學學英文，周認為這個意見不切實際。周表示他並不是反對台灣學生留學美國，他說不少台灣留美學生後來都到中國來了。

因建議山東失明維權人士陳光誠留學私立紐約大學（ＮＹＵ）而打破中美外交僵局的孔傑

榮，一直能夠在海峽兩岸享有重望與影響力的原因，固然是中華民國前副總統呂秀蓮和現任總統馬英九是他的哈佛學生，但亦與孔氏本人四十年來鑽研中國法律、鼓吹建立中國法治、促進改善中國司法制度與財經法規不遺餘力大有關係。北京當局願意傾聽和接受他的建議，主要是孔傑榮在美國打開中國之門和中美建交史上扮演了一個極其重要的推手角色，他的名聲也許不像費正清（一九〇七年生，大孔傑榮二十三歲）那樣響亮，但他為中美建交所貢獻的心力卻毫不遜於費氏。他在六、七〇年代不斷地撰文、演說、赴國會作證力主與北京建交、讓中共進入聯合國，是真正的「親北京派」。

孔傑榮於一九三〇年七月一日生於新澤西州伊麗莎白市一個猶太家庭，他常說他的生日（七月一日）也是中國共產黨成立的日子。他先後畢業於耶魯大學和耶魯法學院，五〇年代末到柏克萊加州大學法學院任教時，洛克菲勒基金會希望遴選一名學者專門研究中共法律，孔傑榮即從此踏入研習中國與亞洲法律的領域。他自己記得很清楚，他是在一九六〇年八月十五日晚上九點開始上第一堂中文課，但他的中文至今還是不太靈光；他在一次演說中戲稱中國和亞洲已成為他的終身「飯碗」（rice bowl）。孔傑榮於一九七二年隨美國科學家聯盟訪華時，正值大陸發動「批林批孔」，他不敢在大陸使用「孔傑榮」這個中文名字，而用「柯恩」（Cohen）。

促使北京釋放文革學者

孔傑榮於一九六四年轉到哈佛法學院，一待十七年，不少亞洲學生日後在學界和政壇享大名。孔氏亦頗為關切國際政治與人權，一九七二那年除了訪問中國，亦曾踏足北韓。他和南韓異議人士金大中關係密切，一九七三年曾設法使被綁架的金大中獲釋。二〇〇〇年，孔傑榮亦曾介入促使中共釋放被拘禁的賓州狄金森（Dickinson）學院圖書館員、文革學者宋永毅；孔因批評新加坡人權措施而與老友李光耀失和；八〇年代中期，台灣黑幫分子在加州刺殺《蔣經國傳》作家江南（劉宜良），孔傑榮曾義務代表江南遺孀崔蓉芝赴台出庭，並指出中華民國政府應負責任。

孔傑榮於八〇年代初向哈佛法學院請假到北京工作，一面當律師，一面傳授中國學生有關美國法律。後來在美國寶維斯律師事務所（Paul, Weiss, Rifkind, Wharton & Garrison）北京辦事處工作，前《中央日報》老報人龔選舞的律師女兒龔珊才和他同事。孔氏直至一九八九年「六四」天安門事件爆發後始離開大陸。一九九〇年加入紐約大學法學院，並成立亞美法律研究所。

孔傑榮早在七〇年代初即積極在幕後推動中共釋放其耶魯法學院同學唐尼（John T. Downey）。唐尼韓戰期間加入中情局，一九五二年十一月二十九日所搭飛機在中國東北上空被擊落，唐尼等三人被俘。唐尼等了二十一年，一九七三年三月獲釋，一九七五年娶中國女子為妻。

四十年前的那天晚上，周恩來召宴的中美重要客人幾已全部作古，只有孔傑榮一個人以八十一歲高齡繼續為中美關係而奔波。但他已不再為「中美關係正常化」而賣力，而是為「中國人權與法治正常化」而呼號！

遊走兩岸三地的特務大使李潔明

歐巴馬於二〇〇九年一月二十日就任美國總統後不久，一批熟稔兩岸事務的「中國通」在華府聚會，展望未來的美中關係，與會者包括新任白宮國家安全會議亞洲問題資深專家貝德（Jeff Bader），會議主持人是一九九一至九五年做過駐北京大使的芮效儉（J. Stapleton Roy）。節目結束前，一九三五年出生南京的芮氏用普通話（國語）詢問與會者：「你們這些所謂中國問題專家，能說中國話嗎？」台上的貝德和前美國駐台北辦事處處長包道格（Doug Paal）以及其他中國通同時大笑一聲，化解了這場尷尬的結尾。他們靠研究美中關係而吃飯，但只能說些簡單的中文，亦不太能閱讀中文。

中文流利的芮效儉刻意取笑這批中國問題專家，顯然有其用意。幾個月後，歐巴馬即提名普通話極為流暢的前摩門教傳教士、猶他州州長洪博培（Jon Huntsman Jr.）出任駐華大使。和芮效儉同樣有資格訕笑那批「不會說中國話的中國問題專家」的是另一個出生於中國的前美國駐華大使李潔明（James Lilley）。但那天李潔明因病重而未克出席這場研討會。

一生與兩岸三地結下不解之緣的李潔明，二〇〇九年十一月十二日因前列腺癌（攝護腺癌）併發症辭世於華府，享年八十一歲。美國近代外交史上不乏特務出身的外交官，但沒有一個人的資歷像李潔明那樣多彩多姿、那樣歷經險阻、那樣富於傳奇性。也沒有一個美國外交官像李潔明那樣與中國具有深厚的感情。在近代美國外交界和學界嶄露頭角的許多「中國通」，大部分都出身於傳教士家庭（如芮效儉），李潔明則例外。他於一九二八年一月十五日生於山東青島，父親是美國美孚石油公司（Standard Oil Co.）駐華行銷代表，曾駐足蕪湖、煙台和寧波等地，李潔明的哥哥法蘭克（Frank）一九二〇年生於蕪湖（一九四六年於日本自殺）。

由於中國開始全面抗日，李潔明一家於一九三七至四一年內陸續離開已居住了二十五年的中國。李潔明偕母親於四〇年十月返回美國。李家在中國住了四分之一世紀，但他們在貧窮的中國是屬於特權階級，很少和一般中國人互動，中國話亦不靈光。就像李潔明在回憶錄中所說的：「我們在青島卻過著如同王侯一般的生活……有時候，我們根本沒有住在中國的感覺。中國，或者是中國人，很少闖進我們的日常生活。」回到美國後，法蘭克先進耶魯大學；過了幾年，李氏亦進了耶魯，主修俄文。兄弟兩人都是在大學畢業後，再回耶魯學中文。法蘭克對亞洲國家的關注，影響李潔明甚鉅。他在耶魯大三升大四時韓戰爆發，這場戰爭決定了他的人生取向和事業前途。他在耶魯選修了饒大衛教授（Prof. David N. Rowe，一九〇五年生於南京美國傳教士家庭，一九八五年去世）所開的「中國與世界列強」課程。多年後饒大衛指導一位台灣留學生撰寫博士論文《朝鮮的開放：一八七六至一八八五中國外交的研究》，這位留學生就是日後在台灣外交界歷肩重任、並曾與李氏多次交手的前外交部長錢復。

饒大衛不僅是個右翼學者，而且與中央情報局關係極深，曾擔任過中情局外圍組織亞洲協會駐台代表，有些資料甚至指出饒大衛根本就是中情局隱身特工。冷戰年代，大批美國知識青年響應政府號召加入情報界以報效國家、防堵共產主義的擴張。李潔明即由饒大衛引介投效中情局。在五、六〇年代，不少哈佛、耶魯等常春藤盟校的菁英嚮往海外冒險生涯，紛以成為情報員為榮，李潔明的耶魯同學兼好友唐尼亦投效中情局。唐尼的命運卻遠遜李潔明，五〇年代初奉命飛往中國東北以搶救先前已被中共俘虜的九名中情局特工。唐尼和費克圖（Dick Richard G. Fecteau）的飛機被擊落，兩名飛行員喪生，唐尼和費克圖生還，費氏在大陸坐牢十九年，唐尼被關了二十一年，因尼克森總統向北京求情始於一九七三年三月獲釋。唐尼由羅湖出境獲得自由，四個月後，李潔明則由同一地點堂堂踏入中國土地，出任一九四九年後美國中情局首任駐北京站站長。唐尼向李潔明透露，他在中共監獄裡看了六遍英文版托爾斯泰的《戰爭與和平》，還自修俄文，看了俄文版《史達林選集》和部分俄文版《戰爭與和平》。李潔明說他耶魯那級就有九十九人加入中情局，而他行事比較謹慎，不像唐尼那樣大膽，故能「善終」。（參看本書孔傑榮篇，頁二〇九～二一三）

一九五一年十一月七日，李潔明在東京羽田機場走下泛美班機。他說：「當時我年僅二十三歲，預備開始中央情報局地下工作人員的生涯……我已經加入中情局，投身美國對抗中國的秘密戰爭……不過，我的武器不是炸彈，而是傳單、攔截無線電訊和特務間諜。為了掩護我的真實身份，我在朝鮮戰場以空軍人員出現；離開戰場，我又成為陸軍部的文職僱員。」

二十三歲投身中情局

李潔明說：「朝鮮半島戰火熾烈。而我正要開始成為美國反共秘密作戰的馬前卒，獻身於美國阻止共產中國主宰整個亞洲的戰爭。初到日本，我奉派在橫須賀擔任內勤工作，負責翻譯和協調對華情報作業。我們在台灣和香港也有據點……中情局在和台灣的情報、特勤單位合作時，經費十分充足，幾乎沒有限額。韓戰打得如火如荼，台灣也成為針對中國大陸發動秘密作業的主要基地。」李氏於一九五二年五月被調至中情局台灣工作站，任務是協助訓練諜報人員，潛赴大陸敵後工作，與戴笠的繼承者毛人鳳主持的保密局密切合作。

李潔明認為中情局蒐集大陸情報和派遣諜報人員潛赴大陸皆乏建樹，乃進駐香港以「貼近行動核心」。一九五三年五月，李氏在香港租了一間小公寓，並在香港大學註冊讀語文。一九五八年，李氏被調至菲律賓美國大使館擔任中國事務官員，抵達馬尼拉之前，中情局為了李氏能在菲國華僑社區做好工作，乃派他到耶魯中文學校密集學中文兩個月，他說這兩個月「卻是我終身喜愛講、讀、寫中文的開始」。李氏在馬尼拉的工作就是要探查中共在華僑社區的活動。一九六一年，李氏調至柬埔寨，幾年後再派往寮國（老撾）。一九六八年五月，李氏出任中情局香港站副站長。一名中共駐港外圍組織成員自一九六八年起即開始向中情局香港站提供情報，李氏說：「這些情報乃是中國經歷近二十年和美國的敵對關係後，最早透露有意和美國交往的跡象之一。」李氏於一九七〇年自港調回維吉尼亞州蘭格利中情局總部遠東組擔任中國科副科長，任務之一是積極爭取對中共失望的海外中國知識分子。其時李潔明認為既無法到中國大陸工作，何妨退而求其次，轉到羅馬尼亞，並開始學習羅馬尼亞文。

沒想到一九七三年二月美中開始互設聯絡辦事處，雙方並同意在辦事處互派一名情報官，美國派出李潔明，中國則派謝啟美。當國務院對李潔明的任命表示異議時，白宮國安助理季辛吉嚇唬國務院官員說：「那是毛澤東欽點李潔明的！」一九七三年七月，李潔明跨過邊界羅湖橋，成為一九四九年後第一個合法進入中國的美國特工。當時美國駐北京聯絡處主任是資深外交官布魯斯（David Bruce），副主任何志立（John Holdridge），李潔明的主要工作是為白宮和中國領導人傳遞信息，亦即為季辛吉效力。一九七四年十月三十日《華盛頓郵報》內幕專欄作家安德遜（Jack Anderson）在專欄中首次公開洩露李潔明的特工身分。一九七五年三月，李坐火車離開中國，從此脫掉「秘密」外衣，而變成公開的情報分析官。一九七九年一月，李氏自服務二十八年的中情局退休，鄧小平於二月在休士頓和老布希會談，李潔明和中國外交部副部長章文晉聊天時，請章比較一下周恩來和鄧小平的不同作風。章氏用英文說周鄧不一樣，鄧決策明快，周則……，章正思索恰當的英文字眼時，李打斷說：「溫和（moderate）？」章說不是，而改用中文說，周恩來「考慮比較多」。

參與八一七公報風暴

一九八一年一月雷根就任總統，李潔明出任白宮國安顧問艾倫（Richard Allen）的助手，翌年初調至台北擔任美國駐台辦事處處長，一九八四年五月離任。李氏駐台期間，美台關係最大的風波是美方於一九八二年八月十七日發表將逐年減少對台軍售的聲明，亦即當時台灣外交部次長錢復在回憶錄中所稱的「〈八一七公報〉風暴」。錢復與李潔明代表雙方政府在第一線傳遞信息和表達各自立場，二人曾數度大動肝火、相互對吵。錢復說：「〈八一七公報〉的發布，主要肇因於雷根在競選時言論甚為友我，使中共警覺，在其就職後一再在軍售問題上對美吹毛求疵。而雷根新政府團隊中，特別是海格國務卿，認為美國在戰略上需要中共來牽制蘇俄。中共利用在墨西哥坎昆舉行的南北高峰會議，趙紫陽與雷根的會面以及稍後外長黃華訪問華府的機會，對美國施加壓力。稍後又發生波蘭政府鎮壓團結工聯，蘇俄出面支持波蘭政府，美國更感到需中共的支持，海格乃全盤接受中共有關軍售的要求。等到我國多次由蔣總統（蔣經國）致函雷根表示無法同意此項作法，木已成舟……。」由於〈八一七公報〉風暴，促成蔣經國下定決心派遣幹練的錢復出任駐美代表。

李潔明做了一年的東亞事務副助理國務卿後，於一九八六年十月抵達漢城（今首爾）出任駐南韓大使，在兩年任內和助理國務卿席格爾（Gaston Sigur）合作，大力促成南韓走出軍人獨裁（全斗煥）的陰影，實施民主憲政，大選結果盧泰愚擊敗在野黨的金泳三和金大中。

一九八九年五月二日，李潔明偕妻子莎莉（Sally）抵達北京，出任駐華大使，實現了多年願望。其時天安門廣場上萬頭攢動，已擠滿了示威人潮。一個多月後，即爆發震撼全球的「六四天安門事件」，李潔明在回憶錄中明白指出那是一場屠殺事件。美國大使館領務組長賀士凱（Jim Huskey）和陸軍副武官武澤爾（Larry Wortzel）少校親自蒐集到解放軍殺人的人證物證。二〇〇四年六月公布當年賀士凱發回華府的密電稱，他在天安門一角看到二、三百具屍體。武澤爾當時和一名解放軍秘密接觸，這名解放軍說有二千五百人被殺，之後此人即無音訊。一名大使館官員說，他親眼看到數百名騎腳踏車的示威者衝向解放軍坦克，就像壯烈成仁一樣。李潔明在大使館收容異見人士方勵之夫婦一年多，後來方氏在倫敦批評老布希對中國和蘇聯的人權政策有雙重標準。李潔明聽到後氣憤不已。一九九一年五月，李氏離任返美，出任國防部助理部長，退休後一直在共和黨智庫美國企業研究所（ＡＥＩ）擔任資深研究員。

從特務到外交官，從亞洲到美國再回到海峽兩岸，李潔明在八十年的風雲激盪中歷經艱險，看遍河山變動，亦參與外交壇坫上的折衝樽俎。他是目擊者和參與者，同時也是歷史創造者。在今天的美國外交界和特工界，像李潔明這種傳奇人物已少之又少！

第一個華裔美軍少將傅履仁

在美國軍事史上，第一個以華裔身份獲得少將軍階的傅履仁將軍（Gen. John L. Fugh）二〇一〇年五月十一日因心臟病發作病逝華府近郊馬里蘭州比塞大（Bethesda）海軍醫療中心，終年七十五歲。傅氏生前曾任美國陸軍軍法總監、華裔精英組織「百人會」（Committee of 100）會長。

傅履仁祖籍甘肅，滿族，一九三四年九月十二日生於北平，其父即是前燕京大學校務長、美國駐南京中華民國政府最後一任大使司徒雷登（John Leighton Stuart）的義子兼機要秘書傅涇波。傅涇波和妻子劉倬漢育有一子三女，傅履仁為其獨子，三個女兒是傅愛琳、傅德諾、傅海瀾。傅涇波於一九四九年大陸變色時陪同司徒雷登回美國，十五歲的傅履仁則於翌年和母親一起赴美，卜居華府。傅履仁曾就讀喬治城大學外交學院，畢業後進入喬治・華盛頓大學法學院，獲法學博士學位。一九六一年投效陸軍，並陸續在哈佛大學甘迺迪政府學院、陸軍指揮參謀學校和陸軍戰爭學院深造。

傅履仁於一九六八年越戰方酣之際，被調至西貢出任美軍駐越檢察部行政及民事法律處主任。一九六九年至一九七二年則擔任台灣美軍顧問團軍法官，駐台期間，國府總統蔣介石曾召見他，並送他一幅寫有「傅履仁少將　蔣中正贈」的簽名照片。傅履仁和他的華裔妻子宗毓珍（June Chung）對他們旅台三年的生活有美好的回憶。能說一口京片子的傅履仁常和華裔人士接觸（包括媒體），可惜的是，從無人詳問他當年駐台時蔣介石是否曾和他談起一九四八和一九四九年間急遽變化的中美關係？當時傅涇波扮演了極其重要的角色，一方面是蔣介石與司雷登之間的聯絡人，另一方面又是司徒與中共（以黃華為代表）之間的傳話人。由於局勢有利於中共而不利於國府，司徒和傅涇波始終未能在有限的時間與空間裡力挽狂瀾，甚至導致國共雙方都對司徒和傅涇波產生誤會。毛澤東寫了一篇傳誦久遠但又不盡公允且充滿敵意的〈別了，司徒雷登〉文章，而蔣介石亦不太諒解司徒與傅涇波在危急存亡之秋試圖拉攏中共的做法。

然而，蔣介石是個念舊的人，他肯定曾要求傅履仁轉達問候其父之意。蔣介石可能不只和他見過一次面，蔣經國也許和他相處過。證諸傅履仁退伍後對兩岸事務的關切，足見他雖曾為美軍少將，亦在新大陸住了一甲子，但仍不能忘懷自己是炎黃後裔。

傅履仁的妻子宗毓珍是蘇州人，有十個兄弟姊妹，但只有五姊妹存活。最小的妹妹宗毓華（Connie Chung）當年是ＣＢＳ知名記者，亦曾做過主播，一九八四年嫁給三流電視節目猶太裔主持人波維奇（Maury Povich），宗毓珍的姊姊宗毓琴亦嫁給華裔海軍少將錢勇傑。錢氏曾於五〇年代末台海危機期間服役第七艦隊，協助運補金門、馬祖，後出任美國海軍總部總檢察長。傅履仁和宗毓珍有一子（傅祥）一女（傅俊），皆是律師，也都與白人結婚。

傅履仁於一九八四年晉升陸軍准將（一顆星），而成為有史以來首位擁有將軍頭銜的華裔將領，並出任陸軍軍法署助理軍法總監。六年後獲老布希總統提拔，晉升少將軍法總監，從一九九一年七月做到一九九三年九月退伍。服役期間傅氏曾獲多枚勳章；他所主持的陸軍軍法署共有一千七百多名律師；他曾協助陸軍與德州貝爾電話公司打合約官司，為陸軍爭回六千八百多萬美元。傅履仁退伍後加入華府一家律師樓，不久即出任麥唐納—道格拉斯飛機製造公司中國部門總裁，這家公司與波音公司合併後，傅氏擔任中國部門副總裁；一九九七年出任Enron中國國際公司主席，二〇〇一年退休。傅氏於二〇〇六年出任「百人會」會長，二〇〇九年五月卸任。二〇〇八年五月，馬英九就任總統前的最後一個公開行程，即在國民黨中央黨部接見傅履仁所率領的「百人會」代表團。「百人會」係於一九九〇年由知名華裔人士貝聿銘和馬友友等籌組成立，近幾年來在美國政界已具有一定的影響力。

司徒雷登大使五〇年代健康惡化，全賴傅涇波、劉倬漢夫婦全心照顧。一九六二年司徒去世，留下遺願希望將骨灰歸葬當年燕京大學（現為北京大學校園）的未名湖畔。司徒曾於一九五四年出版回憶錄《在華五十年》（*Fifty Years in China*），由胡適撰寫長序。能說流利中國話（帶有杭州口音）的司徒大使亦能閱讀和書寫中文，他在第一冊日記的最後一頁，用中文寫下「精誠所至，金石為開」八個大字。「和平老人」傅涇波曾於一九七三年應老友周恩來之邀在北京住了十個月，但其時四人幫仍掌權，而周氏權力受限，傅氏並未能為和平統戰提供任何助益。

傅涇波於一九八八年十月病逝華府，享年八十八歲。傅涇波與傅履仁父子對司徒雷登骨灰遲遲未能歸葬中國，一直耿耿於懷，傅履仁和三個姊姊幼時皆叫司徒為「爺爺」。傅氏父子多年來不斷向北京表達司徒的遺願，然從未獲得正面反應，但傅履仁並不灰心。中共政壇「明日之星」習近平於二〇〇六年五月以浙江省委書記身份訪美，傅履仁透過美中城市友好促進會會長、新澤西州華商徐艇的積極安排，於二〇〇六年五月十日在華府單獨拜會習近平，當面提出司徒骨灰歸葬於北大未名湖畔或司徒出生地杭州的遺願。不久，傅氏亦曾專程前往杭州拜訪習近平。二〇〇八年十一月十七日，司徒骨灰終於歸葬杭州，安葬那天，美國駐華大使藍德（Clark Randt）、傅履仁和一批垂垂老去的燕京大學校友皆在西湖畔參加儀式。

傅履仁多年前接受華文媒體訪問時自承「思想比較保守」，反對同性戀，並認為當時美軍出兵海地不值得，他說：「海地沒有一丁點事值得任何一個美軍為它犧牲。」

反同性戀先鋒

從這篇刊於一九九四年十一月十三日美國《世界週刊》的訪問談話，可以看到傅履仁「思想比較保守」。他對於同性戀的評論幼稚、膚淺，而又不倫不類，他說：「不管在文明世界或大自然，同性戀都不被主流接受。你什麼時候看到兩條公狗在一起。」這個首位華裔將領更是反對同性戀從軍，他說：「如果軍中允許同性戀公開，你會答應你的兒子從軍嗎？……女性爭著要參加戰鬥，我相信大家等到女兵的屍體被裝在屍袋裡抬回來的時候，想法就會改變了。」

傅履仁也在九〇年代發表反同性戀的幼稚言論，其觀點充滿偏見，誠屬淺薄又可笑！今天，美軍已禁止歧視同性戀，「不要問、不要說」（ＤＡＤＴ）的過時政策已被廢除，美軍終於從善如流。在美國，已有不少州同性可以合法結婚，時代畢竟是朝著開明和開放的方向前進。

孫中山的孫女孫穗芬

中華民國國父孫中山的孫女、前台灣國府考試院長孫科的女兒孫穗芬二〇一〇年年底前往台北參觀花博，二〇一一年元旦清晨七時四十分搭車趕赴桃園機場準備飛往香港時，在台北市建國高架橋下進入南下國道一號匝道前，遭對向車道一輛失控紅色轎車猛然撞擊。坐在右後座的孫穗芬重傷，被送往新光醫院急救，生命垂危，醫院組織醫療小組緊急援救。馬英九總統於當天晚上親自前往醫院探視並指示院方全力救治。孫穗芬的兒子孫忠偉偕妻子和小孩於二日從香港飛往台北探望七十三歲的母親，孫穗芬聽到醫生告訴她其子來看她時，兩眼曾微微睜開。院方表示，孫穗芬入院時的昏迷指數為三，現已進步到九，而孫平時常運動保持體能，經過近七小時的大手術和輸血一萬二千毫升後，情況已略為回穩，但仍相當危急。唯傷勢過重，孫穗芬於一月二十九日下午去世。警方說，肇事轎車十九歲駕駛陳致宏當場傷重不治，車上吳姓乘客供稱他們兩人參加跨年晚會，整夜沒睡。警方正調查陳姓司機是否酒醉超速。孫穗芬座車司機傷勢較輕，無生命危險。

未被獲邀百年升旗禮

性格活潑、大方、健談的孫穗芬（Nora Sun）於車禍前一天接受媒體訪問時表示，並未受邀參加一月一日中華民國建國百年的升旗典禮。她在接受中天電視訪問時，曾首次在電視上公開談論其頗富傳奇性的身世，她坦承是孫科的二夫人藍妮所生。

孫穗芬車禍重傷後，部分台灣媒體一度把她誤認為她的同父異母姊姊孫穗芳，甚至還介紹孫穗芳的學歷與著作。歷任南京國府行政院長、立法院長和台北國府考試院長的孫科（英文名字Sun Fo）雖無其父的顯赫成就與貢獻，但父子兩人皆有盡人皆知的「寡人之疾」。孫中山先娶盧慕貞，育有兒子孫科（一八九一年生）和兩個女兒孫金琰（一八九五年生）、孫金琬（一八九六年生）。孫、盧離婚後，一九一五年孫娶宋慶齡，無子女。孫中山另有多名情婦和女友，其中以號稱「革命伴侶」的「南洋婆」陳粹芬最出名。孫中山生前嘗言「革命與女人」是其兩大「終生愛好」。不久前，台灣政界、學界和媒體曾為如何在建國百年的孫中山傳記片中描述孫的男女關係而發生激辯。有些學者認為不應把孫拉下神壇，醜化他的私生活。

和父親關係淡薄的孫科與表妹陳淑英結婚，育有長子孫治平（二〇〇五年病逝香港）、次子孫治強（二〇〇一年辭世美國）和長女孫穗英（一九二二年生，夫林達文，現住美國）、次女孫穗華（祖父孫中山一九二五年三月病逝後一個禮拜出生，夫張家恭，現住美國）。孫科與上海情婦嚴藹娟在一九三六年三月生下孫穗芳。

姊姊孫穗芳宣傳祖父

今年七十四歲的孫穗芳（英文名Lily）畢業於上海同濟大學建築系，一九五九年始獲中共准許移居香港。一九六五年嫁給香港富商王時新之子王守基，後離婚。一九六六年十一月獲大哥孫治平之助前往台灣，首次看到七十五歲的父親孫科，父女兩人淚汪汪。孫穗芳長期定居夏威夷，為一虔誠佛教徒。歷年來到處宣揚孫中山思想，著有《我的祖父孫中山》、《我的祖父孫中山紀念集》和孫中山圖片輯多本，是孫家後代最熱心、最活躍的「孫文信徒兼孫中山宣傳家」。

上世紀三、四〇年代國府大員常在週末搭火車離開枯燥乏味的南京前往上海十里洋場「放鬆心情，尋找刺激」，好玩的立法院長孫科亦不例外。一九三五年，孫科經人介紹認識雲南苗族女子藍妮（藍業珍、藍巽宜）。當時才二十三歲的藍妮是滬上有點艷名的交際花。一九一二年出生的藍妮據說是「苗王公主」，因家道中落，為貼補家用而被迫嫁給上海名門李調生之子李定國，李家每月送一百元給藍家。結婚五年生了三個孩子後，李、藍於一九三四年離婚。藍妮與丈夫分手後即常出入社交界，而名揚滬上。

一九三五年其同學陸英介紹她認識孫科，兩人一見面即激起火花，孫邀其為機要秘書，並在上海覓屋同居。孫、藍狂戀，兩人熱情似火；一九三六年，孫科決定娶藍妮為二夫人，但仍與元配陳淑英維持夫妻關係。孫科為表示熱愛藍妮、忠於愛情，除擺設四桌酒席宴請立法院同事，還請攝影師拍照留念存檔，並立下字據，上寫：「唯有元配陳氏與二夫人藍氏二位太太，別無第三者。」這張字據交給藍妮保存。據說孫科在酒席上自嘲：「我知法犯法，罰罪加一等。」孫科有了「上海夫人」後即把原有

「太子」孫科風流成性，喜歡拈花惹草。圖為他和情婦「敝眷藍妮」合照，藍妮就是孫穗芬的母親。孫穗芬會做生意，也許得自母親真傳，「孫阿斗」既不能幹，又不事生產，晚年到台灣靠蔣介石和國民黨養他。

交際花「上海情婦」嚴藹娟（即孫穗芳的母親）甩掉。從此孫太子心中只有藍妮，而藍妮亦打著孫太子的旗號在滬上大肆招搖，插足商場，戳力鑽營。

藍妮於一九三七年八月六日生下孫穗芬。穗芬幼時曾就讀上海聖心幼稚園和聖心學校。抗戰勝利後第二年（即一九四六年）夏天的一個晚上，孫穗芬和舅舅藍業申在外婆家吃飯，突接到電話稱藍妮正在上海老正興菜館和友人用餐，他們想看看穗芬，馬上派人開車來接。不久來人把穗芬接走，但不是接到老正興菜館，而是綁票。

曾被兩名銀行家綁架

兩名潦倒的銀行家吳永吉（久大銀行經理）和宋玉樹（曾開銀行，已倒閉）因欠下巨額賭債，乃鋌而走險綁架八歲的孫穗芬。據說綁匪勒索三十萬美元，經藍妮與綁匪談判結果付出十萬美元贖金。當時的小道消息稱，孫穗芬被綁後，藍妮曾通報孫科，孫科要其報警，但藍妮不願聲張，抵押房子湊齊贖金。不過，贖金是否十萬美元，仍有待考。

抗戰時期，藍妮和女兒孫穗芬大部分時間住在上海，能幹而又善於經營的藍妮在汪精衛偽政府時代的上海照常做生意、開工廠、進口德國油漆顏料等。另外又從事房地產和房屋建築，財源滾滾而來。藍妮的長袖善舞以及「發國難財」（或稱「發漢奸財」），多年後為官場上的孫科帶來大麻煩，並埋下了孫藍分手的種子。

一九四八年，國民黨開放黨員競選副總統。孫科本無意出馬，但蔣介石積極慫恿孫科（政壇謔稱其為「孫阿斗」）出馬和桂系將領李宗仁對抗，並派宋美齡二訪孫科大力勸進。競選期間，媒體「大炮」、南京《救國日報》社長龔德柏於一九四八年四月二十三日在《救國日報》頭版頭條登了一則爆炸性新聞，揭露孫科曾致函國民大會秘書長洪蘭友，請其幫忙，協助發還戰後藍妮被政府沒收的一批德國顏料，報上並製版刊印孫科原函照片。孫科在信中稱「敝眷藍妮」被沒收的顏料並非敵偽財產，而係其私人所有，請求中央信託局發還。「敝眷藍妮」這四個字從此成為近代國府官場史和媒體史上的「名句」。

當時支持孫科的一批廣東名將張發奎、薛岳、余漢謀和香翰屏等率眾到《救國日報》示威抗議，砸爛報社。龔大炮掏出手槍站在樓梯口與樓下的張發奎等人對罵。四次投票結果，李宗仁以一千四百三十八票擊敗孫科的一千二百九十五票，當選副總統，氣死老蔣。

「藍妮事件」爆發後，孫科為了自己的顏面和政治前途，一面否認寫那封信，一面與藍妮撇清關係。不僅沒有為藍妮公開辯護，甚至還做了一些小動作醜化藍妮。在十里洋場打過滾的藍妮盛怒之餘，從此與孫科分道揚鑣。

一九四八年年底，藍妮帶孫穗芬和弟弟藍業申到香港，開設「大隆金號」，經營金銀珠寶生意。孫穗芬在香港受教育，一九五五年高中畢業後前往台灣，十七歲考上「民航空運公司」（CAT）空中小姐，做了兩年，並與民航公司美國飛行員塞格利斯特（Seigrist，中文名字孫康威）相戀，孫康威於二戰期間曾在中國戰區開戰機打日本鬼子。孫穗芬與孫康威於一九五七年一月在台北結婚，他們結婚十八年，生了三個兒子孫忠仁、孫忠傑、孫忠偉（Alan），夫妻兩人曾住過台北、美國、日本、泰國、歐洲和中東一帶，但以離婚告終。

孫科於一九七三年病逝台北，藍妮曾囑穗芬赴台奔喪，但她自己未赴台。頗為特立獨行的孫穗芬坦承她和父親孫科「很疏遠」，很少見面，不太有親情。父親對她「沒什麼影響」，她也不願頂著「國父孫中山的孫女」這塊招牌到處招搖，其想法和做法與孫穗芳全然不同。

一九八二年，中共中央統戰部邀藍妮母女訪大陸，這是大陸變色後，她們首次回到上海。一九八六年，鄧穎超邀請藍妮和孫穗芬回國參加孫中山誕辰一百二十週年紀念活動。藍妮說她和鄧穎超在抗戰時見過面。不久，中共發還上海復興西路玫瑰別墅給藍妮；一九九〇年三月十八日藍妮搬回玫瑰別墅（孫穗芬住此）。一九九六年九月二十八日，藍妮病逝上海，終年八十五歲。

孫穗芬年輕時曾做過空姐，是台灣民航公司早期招考的空姐之一。

與兒子一起念大學

孫穗芬能屈能伸，曾過窮日子，睡過地板；一九七六年三十九歲時，決定到亞利桑那大學讀工商管理，和兒子同學，那是她第一次讀大學；後來又到麻州巴布森（Babson）學院深造。一九八六年進入美國聯邦政府商務部擔任駐廣州美國總領館商務領事，一九九二年七月調任美國駐法國大使館商務參贊。一九八九年九月調任駐上海美國總領館商務領事，一九九四年，孫穗芬辭去公職，創辦香港順亞顧問公司（Nora Sun Associates），從事協助歐美企業赴華投資業務。孫穗芬長年住香港和上海，她和幼子孫忠偉共同主持顧問公司。孫忠偉五年前曾在台北一〇一高樓第三十七層租辦公室開設德事商務中心，當時，孫忠偉最愛看的一本書是旅英作家張戎和其英籍丈夫哈利戴合著的《毛澤東：鮮為人知的故事》英文版。

研究孫中山的中外專家認為，孫穗芳與孫穗芬同父異母姊妹的個性及長相最為酷似孫中山和孫科。而孫穗芬在商場上和社交圈耀眼的活動力，又得其母的真傳。

孫穗芬是個樂觀、堅強又開朗的女性，她不以身為近代中國革命之父的後代自傲，亦不以身為上流有孫家血統而自喜。她成長後都是靠自己的毅力和能力打天下，一步一腳印，一路走來極為踏實，可說是女中英豪。

「知古而昧今」的史學家何炳棣

二〇一二年六月七日以九十五歲高齡在南加州辭世的史學大師何炳棣（Ping-ti Ho），半世紀以來辛勤耕耘於加拿大和美國的中國史學研究園地，對明清兩代社會史的研究、對中華文化與文明源起的探究、對中國古代思想的追摹，著述豐實，且多具原創性和拓荒式的貢獻，而為海內外學界所同欽。但他的學術主張和政治傾向亦不斷引發爭議。一九六六年，何氏獲選為台北中央研究院院士，一九七五年至一九七六年出任美國亞洲學會（AAS）會長，寫下華裔學者首次在全美大型學術組織擔綱的新頁。西雅圖華盛頓大學國際事務學院院長楊雅南（Anand A Yang）則為擔任該會會長（二〇〇六至二〇〇七）的第二位華裔學者，出生於印度的楊氏專業為南亞歷史和政治。

何炳棣是浙江金華人，一九一七年生於天津，長大後身材魁梧。燕京大學校長司徒雷登的日文秘書蕭正誼一九三八年初見何氏後對友人說：「我以為何炳棣是江南文弱書生，沒料到他是關西六尺大漢！」何氏曾就讀天津私立第一小學和南開中學，因鬧學潮而被南開開除，後於一九三三年秋進山東大學化學系，翌年夏轉學清華大學，決定棄化學改學歷史。史學家何炳松（一九四六年卒）是何炳棣的堂兄，年齡相差二十七歲。

何炳棣天生是個好勝而又不服輸的人，西洋通史第一次月考，何考了八十九分，同班同學姚克廣（後改名姚依林，曾任中國副總理）獲九十二分。姚對何說：「能得八十九分也很不錯啦！」這句無心的話卻大大刺激何炳棣，而使他「即刻下決心就以西洋通史這門課作為磨練意志的對象」，第二次月考果然考了九十九分。當時教西洋通史的是劉崇鋐教授，後來曾擔任台灣大學歷史系主任。何氏在清華歷史系的大一國文老師是俞平伯，系主任蔣廷黻在第二學年秋季開學前自蘇聯及西歐休假返校，何氏大三時準備選修蔣氏所開的中國外交史與一戰前歐洲外交史等兩門課，但蔣卻應蔣介石之召離開清華到南京就任行政院政務處長，十個月後改任駐蘇聯大使。因此，何炳棣未上過蔣廷黻的課，但他一直尊蔣為師。何在清華曾受業於馮友蘭、陳寅恪、雷海宗、吳宓等名家。

何炳棣一九三八年從清華畢業，他在二〇〇四年台北允晨出版的回憶錄《讀史閱世六十年》中說，一九三七年秋至一九三八年夏「這一年主要的收穫是鞏固了我與邵景洛之間的愛情」。後來嫁給何炳棣的邵景洛是紹興人，一九三九年獲清華文學士學位，二〇〇六年病逝。何氏於一九三九年九月抵達昆明擔任西南聯大（清華）歷史系助教，一九四〇年第一次參加留美考試，未過關；一九四四年重考第六屆清華公費留美考試成功，屬西洋史門；同時獲錄取的有物理學門的楊振寧（何比楊大五歲，後成終生好友）等二十二人。何氏總平均七十八點五分，居二十二人之冠。很注重分數的何炳棣說，歷屆中美和中英庚款留學考試總平均最高的是何氏筆下的「曠世通才」錢鍾書。

一九四五年秋，何氏飛往印度，候艦赴美留學，他說：「西南聯大人文方面所表現的研究自由和治學途徑的多樣是永遠值得我們憧憬的。」何氏負笈紐約哥倫比亞大學，專攻西洋史（特別是英國史）。他說，在哥大六學期，上課聽講不多，主要是自己廣泛閱讀而又系統地讀書。何又說：「作為哥大研究生，我在紐約共住了三十一個月另一週（一九四五年十一月二十四日至一九四八年七月一日）。紐約給我印象最深的是它的地下鐵道系統。……我和景洛離開紐約的那一天，車費的價錢才加倍到一毛。」

一九四八年九月初，何氏的長子何可約在西雅圖出生（何氏有兩個兒子）。何炳棣說，他的博士論文《英國的土地與國家：一八七三至一九一〇》是真正有創造性、有魄力的東西，迄今仍未正式發表，但他表示，目前學界所做的研究還趕不上他幾十年前的成果。一向自負的何氏說，出國以後，他的第一個志願就是在最短的時間內，在中國史研究方面打進西方第一流的期刊。他說，沒有人做到過，他做到了，而且接二連三地做到了。他的博士論文解決了當時美國兩大學派持續多年的爭論，何氏很自傲地說：「從我那篇文章開始，他們沒法子辯了。給他們決勝負的，就是何炳棣。」

何炳棣於一九四八年前往加拿大溫哥華英屬哥倫比亞大學（UBC）任教，一九五二年正式獲哥大博士學位。一九六三年應芝加哥大學之聘，兩年後擔任芝大湯普遜（J. W. Thompson）講座教授，直至一九八七年榮休後轉往鄂宛（Irvine，又譯爾灣）加州大學任教，一九九〇年第二次退休。何氏在芝大的最大成就之一是在一九六七年初和同校的政治學教授鄒讜（國民黨元老鄒魯之子）合辦一場長達十天的大型國際性中國問題學術研討會，各方高手群集風城（芝加哥別號）。何、鄒把研討會論文編成三冊出版，書名為《危機中的中國》（*China in Crisis*），內容專論中共的政治體制和中國的歷史傳統以及中共的國際問題。

何炳棣在清華雖未上過歷史系主任蔣廷黻（亦為哥大博士）的課，但蔣氏「認為治史必須兼通基本的社會科學，所以鼓勵歷史系的學生同時修讀經濟學概論、社會學原理、近代政治制度等課程。在歷史的大領域內，他主張先讀西洋史，採取西方史學方法和觀點的長處，然後再分析綜合中國歷史上的大課題」。何氏頗受這個觀點的啟發與影響，他說：「回想起來，在三十年代的中國，只有清華的歷史系，才是歷史與社會科學並重；歷史之中西方與中國史學並重；中國史內考據與綜合並重。……我自問是一直真正走這條路的。」

何炳棣的治學生涯大致可分三個階段，第一個階段專研以明、清時代為重心的社會結構、會館組織和階層流動，主要著作包括：一九五九年哈佛大學出版的英文《中國人口研究，一三六八至一九五三》、一九六二年哥大出版的英文《帝制中國的成功階梯：社會流動的層面，一三六八至一九一一》（中文書名為：明清社會史論）、一九六六年台北學生書局出版的《中國會館史論》。這些專著和其他學術論文奠定了何氏的學術地位，並使他成為中國社會史的頂尖學者。

何氏說，他在一九六八年二月八日到芝大圖書館翻閱印度考古書冊，發現印度史前稻比中國仰韶村文化遺址中的稻還要晚些，文獻記載更晚，「於是終夜難眠，決心鑽進史前考古資料，探個究竟，不期就此長期跨出明清了」。何氏在這第二階段的治學過程中，一九六九年推出中文書副題為「新石器時代及有史早期中國技術及理念本土起源的探討，公元前五千年至公元前一千年」。此外，又在一九七五年推出英文《東方的搖籃》（*The Cradle of the East*），此《黃土與中國農業的起源》，一九九五年由台北聯經出版《中國歷代土地數字考實》。何氏對古史的解釋有不少新觀點，贊成者很多，反對者亦不少，筆戰交鋒擦出甚多火花。

何氏晚年進入其治學第三階段，以全副精力鑽研中國古代思想，並獲得與傳統學界不同的結論，他說：「中國哪裡是儒家的傳統？是孫子、墨子、商鞅的傳統啊！儒家不是沒有作用，如果沒有儒家的融化，我們都接受不了。舉個簡單的例子：墨子最講人道，兼愛非攻……墨子是倒楣，幾千年備受儒家的攻擊。在我看來，孫、墨、商才是中國傳統文化的軸心，哪裡是儒家啊！」何氏臨終前，仍在病榻上校閱其有關老子研究的論文。

何炳棣讀小學三年級時，其級任老師劉逸民對他的評語是：「如能愛眾親仁，則美玉無瑕矣！」何氏說：「七十多年來每一念及，不禁懍然嘆息，這第一位級任老師竟能如此銳利地指出，並正確預測到我一生處世最大的缺陷——往往與中外學人不能和諧共處。」何氏在學界以跋扈、桀傲、脾氣壞、愛罵人和難以相處出名，被他當面罵過和文字批過的中外學人不計其數，他批黃仁宇「對歷史不忠實」，又說：「黃仁宇被紐約一個州立大學撤職。當時我在芝加哥，還有好幾個朋友，寫了多少次信想幫他復位。」他在回憶錄《讀史閱世六十年》中痛批考古學家張光直（歷任耶魯、哈佛教授、中研院副院長，已故）：「生平所遇，偏見如此之深，思維如此疏失的學人實在罕見。」又指責張光直是中西學界「反對何炳棣」陣營的中心人物。何氏充滿火氣地指出：「我第二次退休後遲遲進軍先秦思想就是忍無可忍，不得不嚴肅批判當代海外風頭最健、對儒學極端『美化』，甚至『宗教化』的杜維明教授。」又稱：「但老輩當代新儒家在文字方面還是莊重的，而杜維明英文語句之備極油滑，逼得我不得不向廣大的讀者予以暴露。」

何炳棣亦曾經聲色俱厲地當面大罵過引導史景遷研究中國史的漢學家房兆楹，何氏日後對此事頗感懊悔。曾於一九九五年至一九九六年出任亞洲學會會長、來自匹茲堡大學的日裔女學者羅友枝（Evelyn Sakakida Rawski），亦曾被何氏痛批詆毀中國歷史。何氏批評芝大同事顧立雅（Herrlee G. Creel）不懂中國古文，要找他幫忙，芝大博士、顧立雅的學生許倬雲強調，那是何氏「亂說」。何氏敬重胡適，以擁有胡適為他寫的大幅杜甫羌村詩而自豪，但他批評胡適「很有心計，幾乎天天寫日記，出了厚厚八大本，也許是他以日記來『用計』，所以不一定完全可靠」。他亦曾當面說胡適花太多時間於會客。何氏說：「我對胡先生的景仰之處決不是他的史學，而是他在整個二十世紀中國的獨特歷史地位。」

何炳棣不是一個躲在學術象牙塔裡的學者，他酷愛美味，食量極大，數十年前吃過的好館子和佳餚，他都能記得一清二楚。他是一個民族主義者，有強烈的愛國心，他極度關心國事，曾在七○年代熱烈參與海外保釣運動。他也喜歡接近政治權力人物，學界盛傳他曾送一把寶劍給蔣經國。但他於一九六八年二月在新加坡發表演說，批評一九四九年以前國民黨的腐化和孔、宋貪污盜國，香港《新聞天地》卻報導他抨擊台灣的國民政府，蔣介石即質問中研院院長王世杰，導致何氏和中研院斷絕二十二年關係，直至物理學家李政道的兒子、芝大史學博士李中清力勸其老師何炳棣與中研院恢復關係，加上楊振寧曾於一九八六年訪台慶祝中研院院長吳大猷八十大壽，何氏始於一九九○年赴台參加中研院第十九屆院士會議，與中研院恢復關係。

何炳棣於七、八○年代在海外知識分子中（特別是香港、台灣留美學生）的名聲如雷貫耳，原因是他經常在當時親北京的香港《七十年代》月刊上撰文歌頌新中國，吹捧中國的進步，宣揚大陸鋼鐵、石油和其他工業原料的產量將以倍數成長而居全球首位。在何氏的筆下，四人幫時代的中國、批林批孔時代的中國和毛澤東專制下的中國，處處充滿了希望與生機。親台灣的留學生不齒何炳棣的一面倒，親中共的留學生尊何炳棣為精神領袖。一九七四年五四運動五十五週年，紐約親北京學界在哥大舉行盛大集會，邀何炳棣等人演講，由研究作家茅盾的耶魯女博士陳幼石擔任大會主席。

何炳棣自己對當年一味歌頌中共而有損史家公正判斷的行徑，頗有「覺今是而昨非」之感。何氏說他一九七四年在《七十年代》所撰的〈從歷史的尺度看新中國的特色與成就〉，在海內外影響很大，「至今不少海外愛國人士仍勸我在文集中把它重印。我卻願意把它忘掉，因為它雖有史實與感情，但對國內新氣象只看到表面，未能探索新氣象底層的動機。同樣願意忘掉的是七十年代和八十年代初所撰有關中國資源和經濟前景的一系列文章。」何氏日後承認他的清華同學姚依林誤導他，使他相信大陸資源的豐盛。何氏徒有愛國之情，赤子之心，卻無史學家公正客觀的態度，嗚呼！

何氏在〈從歷史的尺度看新中國的特色與成就〉中說：「經過了文化大革命，中國人民才第一次變成了國家的真正主人。」這些觀點及那些「歌頌祖國」的文章是何炳棣學術生涯的敗筆和污點，難怪他「願意忘掉」！亦難怪他在回憶錄中完全不談他在極左年代的不堪往事！何炳棣於七、八〇年代在李怡主編的香港左派刊物《七十年代》和其他中、英文刊物上所發表的大量極左親共文章，乃為何氏學術生涯中的重要篇章。他的回憶錄書名是《讀史閱世六十年》，那段「紅色歲月」象徵他的一段不堪回首的「閱世」階段，一個有道德勇氣的史家，不應該自我規避那一段生命歷程！

（允晨文化提供）

附注一：中央研究院公共事務組於二〇一二年六月十一日發出人文組何炳棣院士病逝的新聞稿。令人震駭的是，這篇新聞稿絕大部分是抄襲自網路（特別是百度），網路錯的，新聞稿也錯（如稱何炳棣是迄今唯一亞裔的亞洲學會會長）；網路上的形容詞，新聞稿亦照抄，如形容何氏治學「另闢蹊徑」、「氣象浩瀚」、「屢創新意、撼動學界」等。何氏既為人文組院士，史語所應很清楚他的生平背景和學術路途，為什麼要抄襲網路呢？中研院是中華民國最高學術機構，為什麼如此丟人呢！

附注二：筆者曾於二〇〇六年五月十六日在《中國時報》的「林博文專欄」中報導楊雅南出任亞洲學會會長。其英文名字為Anand A. Yang，筆者曾寫信問他的正確中文名字。

沉湎情色的「亞洲鐵人」楊傳廣

國民政府於一九四九年撤守台灣後，勵精圖治、鞏固反共基地之餘，亦希望在國際社會中站穩腳跟。除了在外交上尋求生機與活路，更企盼在其他領域裡揚眉吐氣，為中華民族爭光。包括蔣介石在內的台灣朝野所期待的機會終於在一九六〇年夏天羅馬第十七屆奧運會（台灣當時稱為「世運會」）實現了，素有「亞洲鐵人」之稱的台灣阿美族原住民田徑名將楊傳廣獲得十項全能運動銀牌，不僅創造了近代中國在奧運史上零的突破，亦為中華民國（台灣）奪得了第一面獎牌！

在第三十屆奧運於倫敦隆重舉行之際，回首五十二年前楊傳廣（C. K. Yang）揚威「永恆之城」羅馬的往事，卻令人深感遺憾與痛心。由於楊傳廣在比賽期間夜夜與一名意大利女郎出遊，造成出賽時體力不濟而僅以五十八分之差失去金牌的千古憾事！

盼楊傳廣「為國爭光」

一九六〇年，龔選舞以《中央日報》駐歐洲特派員（駐地巴黎）身份採訪羅馬奧運，親自目睹了楊傳廣的自大傲慢、目中無人和自我毀滅的私生活，而使蔣介石和台灣朝野日夜等候、幾乎到手的金牌就在楊傳廣毫無個人與國家榮譽觀念的任性胡為之下飛走了。蔣介石曾囑咐隨從如有佳音從羅馬傳來，即使台北時間半夜，也要把他叫醒。當蔣聽到的是銀牌而非國人所盼望的金牌，內心至感失望。蔣介石為了楊傳廣獲得金牌的機會極大，還特地秘密允准中華民國奧運代表團以「台灣」名義與會，但楊傳廣卻辜負了台灣朝野和他的恩人關頌聲出錢出力送他到美國洛杉磯加州大學投靠名師的苦心！蔣介石曾召見楊傳廣達七次之多，足見蔣對楊「為國爭光」的重視。

台灣運動界是在一九五二年十月二十五日（台灣光復節）於屏東舉行的第七屆台灣省運動會上，發現個子瘦長（一米八五）的台東農校學生楊傳廣極具運動天份。楊在該屆省運會上獲得跳高冠軍，但大會裁判一致認為這位「山地青年」（當時台灣媒體對楊的稱呼）如受到專家指導和有計劃地訓練，他日必將在運動場上大放異彩。經過一段短時間培訓，台灣的田徑專家赫然領悟到楊傳廣竟是一個具有多方面潛力與才華的運動員，楊本為台東農校棒球隊投手，但該校校長陳耕元鼓勵他在田徑發展，台灣運動界從此出現了一個前所未見的好手。當年畫家徐悲鴻曾稱頌張大千為「五百年來一大千」，台灣體壇大老郝更生亦稱楊傳廣是「五百年來一傳廣」！一九三三年七月十日出生的楊傳廣果然不負眾望，在一九五四年馬尼拉亞洲運動會上一鳴驚人，首獲十項全能賽事的金牌，菲律賓英文報紙稱他是「亞洲鐵人」（Iron Man of Asia）。楊在一九五八年東京亞運會上不但獲十項全能金牌，亦得一百一十公尺高欄和跳遠銀牌、四百公尺中欄銅牌，「亞洲鐵人」的稱號果然名不虛傳。其實，楊亦曾參加一九五六年在澳洲墨爾本舉行的第十六屆奧運會，但在十項全能運動中敬陪末座，僅得了第八名。

東京亞運結束後，台灣運動界大老認為楊傳廣欲更上層樓，須到美國接受進一步訓練，但政府拿不出經費，平日熱心運動的建築師兼營造廠老板關頌聲自掏腰包資助楊氏和軍方田徑教練魏振武赴美，魏氏負責照顧楊傳廣的生活。楊氏到美後補習英文，拜洛杉磯加州大學著名田徑教練德瑞克（Elvin C. Drake）為師，後正式進入加大就讀，一九六四年畢業。德瑞克的另一黑人學生瑞福‧強生（Rafer Johnson）曾獲一九五六年墨爾本奧運十項全能銀牌，一九五九年畢業。

楊傳廣在跑、跳方面頗強，弱點則是在鉛球、鐵餅和標槍等「三鐵」項目，因此，楊氏在加大訓練重點是加強體能、勤練三鐵，同時亦提升跑、跳水準。德瑞克手下擁有強生與楊傳廣兩大高手，強生一九三五年生，比楊小兩歲。一九六〇年八月羅馬奧運會前不久，強生跟楊傳廣同時參加在奧勒岡州尤金市舉行的美國田徑賽，強生以八千六百七十三分獲十項冠軍，楊傳廣得八千四百二十六分屈居亞軍，輸了二百四十七分，原因是楊跳高失常。

一九六〇年七月下旬，羅馬奧運揭幕，中華民國第二次被迫以「台灣」名義參賽。上次墨爾本奧運，中華民國即以「台灣」名義與會，但因台灣媒體奉命淡化處理，故台灣島內並不太清楚隊名問題。不過，鑑於楊傳廣極有可能在羅馬奧運獲金牌，因此，中華民國以「台灣」名義參賽即無法向國內隱瞞。一些右翼人士在賽前大聲呼籲如以台灣名義赴會，則不惜退出奧運。但蔣介石已秘密允准以台灣名義參賽，為了金牌而「忍辱負重」。當開幕典禮台灣代表團進入會場後，領隊林鴻坦在隊伍通過司令台前時，突從口袋掏出一幅書有英文「在抗議下」（UNDER PROTEST）的布條，以滿足台北當局的要求。

當時採訪羅馬奧運的龔選舞回憶說：「不幸的是傳廣既以國士自居，居然眼高於頂，見了同儕總是一概傲然不理，偶然在有人好意相向之際，還會面露不耐的迸出一兩響含混不清、自以為高不可攀的英語來。」楊氏拒絕台灣記者的採訪，龔選舞和中國廣播公司記者王大空拜託台灣奧運代表團團長鄧傳楷出面，亦不得要領。龔氏說：「最後還是勞動出錢送他赴美留學的關頌聲先生親自出馬安排，他才勉強和我們見了一面，愛理不理的隨便回答了幾個問題。」台灣代表團對楊氏極盡禮遇優寵，鄧傳楷甚至把團長房間讓給楊一人使用，而使他不必擠在選手寢室裡，代表團為了讓楊能夠好好培養體力，竟在房間門口貼了一張：「楊傳廣君在內休息，行人緩步禁聲」的布告。

瑪麗每日找楊傳廣出遊

但楊傳廣並未「在內休息」，有一天，台灣代表團突然出現一對漂亮的意大利女子，龔選舞說，她們「以很不流利的英語作了一番自我介紹，說是一同來自意大利南部的一個小城，來此為的是希望結識一下名聞遐邇的大運動家楊傳廣」。楊氏滿面笑容地和她們見面，並坐上她們開來的飛雅特轎車出去「遊車河」，很晚才回來。此後，其中一位名叫瑪麗的女子每日都來找楊傳廣出遊，深夜始歸。當時台灣代表團只有隨楊赴美的教練魏振武知道楊已在加州和土生華僑周美玲（周黛西，Daisy）結婚，奧運會後生了一個兒子取名楊世運。台灣代表團官員眼看楊傳廣每天和意大利女郎外出，都很擔心鐵人體力透支，但無人敢出面告誡他，反之，強生每天例行操練後即閉門養精蓄銳，志在一搏！

一九六〇年八月五日，十項運動登場，台灣代表團認為只要楊在跑、跳項目保持水準，而三鐵小輸就是贏，奪金牌希望極濃，但沒想到強生在跑、跳方面竟有超水準演出。首日比賽五項，第一項一百公尺賽跑，楊十秒七，強生十秒九；第二項跳遠，楊七米四六，強生七米三五；第三項鉛球，楊十三米三三，強生十五米八二，楊慘輸二百七十三分，專家一致認為這是楊失去金牌的關鍵項目。鉛球賽完已是下午五時，天空突下暴雨，賽事延誤兩小時，在夜涼如水中挑燈夜戰，第四項跳高，楊一米九十，強生卻跳出前所未見的一米八五佳績；第五項四百公尺，楊四十八秒一，強生四十八秒三。首日比賽持續了十四小時，在深夜十時五十分結束。首日積分，楊四千五百九十二分，強生四千六百四十七分，強生比楊多了五十五分。

首日比賽結束後，楊在田徑場旁的小休息室休息，德瑞克和魏振武都為他按摩。就在此時，那位意大利女郎又翩然出現！包括隨團記者在內的台灣代表團所有職員都向魏振武建言，希望他和德瑞克雙雙出面阻止楊外出，但魏氏卻說：「傳廣的體魄太強，讓他出去散發散發也未嘗不是好事。」大家唯有搖頭歎息！當晚無人知道楊何時返營。

第二天賽事，第一項為一百一十公尺高欄，這是楊的拿手好戲，結果楊十四秒六，強生十五秒三，此時，楊積分為五千五百一十五，強生五千三百八十六；第二項鐵餅，楊三十九米八三，強生以四十八米四九大勝；第三項撐竿跳高，這也是楊的強項，但楊表現平平，只跳過四米三十，強生卻比往常好，跳過四米一十，此時楊積分七千零五十二，強生七千零七十六；第四項標槍結果，楊總分落後強生六十七分；最後一項為一千五百公尺，楊與強生同組，強生緊追楊，楊不時回頭看，一直甩不掉在後面尾隨的強生，結果楊因體力不濟，只比強生多拿九分。總結下來，強生八千三百九十二分得金牌，楊八千三百三十四分獲銀牌，蘇聯老將庫茲涅佐夫七千八百零九分得銅牌。楊在五個項目中得第一，一千五百公尺領先，四百公尺第二，但三鐵（尤其是鉛球）慘敗，而使總分輸了五十八分。

楊失去金牌後，仍照樣和意大利女郎日夜出遊，直至台灣代表團賦歸當天，楊一大早前往機場，提早登機。意大利女郎趕到選手村，已人去樓空，再趕往機場，台灣代表團包機艙門已關！沒有人知道那位意大利女郎為何出現，也沒有人知道她的背景和企圖，這是一個永遠的謎。

台灣代表團和媒體在奧運結束後，雖對楊未獲金牌的原因存疑，但無人提出公開質疑。代表團返抵台北後，楊獲得英雄式歡迎，蔣介石總統召見他，頻頻予以嘉許。

楊傳廣故意輸給強生？

二〇一一年二月二日，羅馬奧運台灣射擊選手陳笏曾投書台北《中國時報》。陳笏說：「當楊傳廣在羅馬奧運十項全能比賽未獲得金牌的第二天，我非常關心的慰問他表示惋惜時，傳廣小聲的附耳對我說：『我答應強生，這金牌讓他拿。』我問他為什麼？楊說：『強生年紀大了，再等四年，可能就沒希望了，所以我跑慢一點兒，讓他拿金牌。』過了一會兒，楊又對我說：『千萬別對任何人講！』我答應了楊傳廣。到如今將近四十年（按：應為五十一年），楊傳廣去世多年，我本人業已八十六高齡，看到許多猜測及虛構的故事，本人感覺，現在我須將楊傳廣一九六〇年（未獲）奧運十項金牌的當時實情公布於世人。」

今年八十九歲、現住紐約的龔選舞看到陳笏的投書後歎道，這是最荒謬可笑的說法，楊傳廣胡說八道的話怎麼能信呢？強生比楊小兩歲，什麼「強生年紀大了」！楊的人品非常糟糕，曾獲一九六八年墨西哥奧運八十公尺低欄銅牌的紀政和台灣田徑界的老人都很清楚楊的為人：不負責任、沉湎女色、愛亂講話、欠缺榮譽感。

楊日後曾以國民黨黨員身份當選原住民立法委員，任期屆滿後，因表現不佳，未獲國民黨提名，楊乃改投民進黨競選台東縣長落選；又曾做廟祝和乩童多年。反觀強生志趣高遠、潔身自愛。一九六八年羅伯特・甘迺迪競選民主黨總統候選人提名，強生擔任貼身助選員。一九八四年洛杉磯奧運開幕式，強生跑最後一棒並點燃大會聖火。強生目前仍健在，定居南加州。

楊傳廣於一九六三年曾在撐竿跳高和十項刷新世界紀錄，但在一九六四年東京奧運，僅獲十項運動第五名。楊曾表示後來投共的台灣射擊選手馬晴山在果汁裡放藥，使他身體不適。但大部分人都認為這又是他胡言亂語、找藉口下台的又一伎倆。當時台北媒體內部盛傳楊在東京奧運又患「與女治遊，夜不歸營」的老毛病。楊於二〇〇七年一月二十七日因肝癌和中風病逝於南加州，終年七十四歲。其遺孀周黛西、長子楊世運（Cedric Yang）及次子楊傳廣二世（C. K. Yang, Jr.）皆居於加州。

蔣介石忍辱負重背後

二〇一二年六月推出新書《歐巴馬的故事》的《華盛頓郵報》資深主編大衛・馬瑞尼斯（David Maraniss）曾於二〇〇八年出版《一九六〇年羅馬奧運：改變世界的一場奧運會》，書中對楊傳廣與強生的拼鬥，敘述甚詳。

該書亦透露，美國艾森豪政府獲悉蔣介石為了獎牌同意以「台灣」名義出席羅馬奧運時，震怒無比。因蔣介石政府在各種國際場合一向堅持只有一個中國（中華民國），反對「兩個中國」或「一中一台」，而美國政府為維護友邦立場，亦處處照顧到蔣介石政府，反對以「台灣」取代中華民國，沒想到蔣介石政府竟在羅馬奧運使用「台灣」為隊名。台北當局接到華府不滿消息後，連連道歉和解釋，才結束一場外交風波。

胡適的最後情人

也想不相思，可免相思苦；幾次細思量，情願相思苦。

——胡適

李敖在一九六二年一月號的台北《文星》雜誌上發表擲地有聲的封面故事〈播種者胡適〉，裡面提到：「但他（指胡適）的熱情絕不過度，熱情的上限是中國士大夫，下限是英國紳士。他在講課時，天冷了，看到女學生坐在窗邊，他會走下講台親自為女弟子關窗戶，這是他的體貼處，但當女學生瘋狂地追他的時候，他絕不會動心，他只在給張慰慈的扇子上寫著：『愛情的代價是痛苦，愛情的方法是要忍住痛苦。』在這點上，也許那寫*Marriage and Morals*的風流哲人會笑他，不過在保守的中國，他在這方面是白璧無瑕的。」胡適在一九六二年二月二十四日去世後（享壽七十歲），蔣介石送了一副傳誦一時的輓聯：「新文化中舊道德的楷模，舊倫理中新思想的師表」。

半個世紀過去了，有關胡適「婚外情」的資料陸續出土、大量面世，而使胡適「白璧無瑕」的清高形象完全破產，「舊道德的楷模」亦化為烏有。除了妻子江冬秀，胡適還跟韋蓮司（Edith C. Williams）、曹誠英、陳衡哲（亦有人加上陸小曼）、洛維茨（Roberta Lowitz，後嫁給胡適的老師哲學家杜威做續絃夫人）和美國女護士哈德曼（Virginia Davis Hartman）等女人談情說愛，甚至纏綿悱惻、不可收拾，氣得江冬秀拿起菜刀要殺掉她和胡適所生的兩個兒子。這些女人，有的比胡適大，如江冬秀一八九〇年生，大胡一歲；韋蓮司一八八五年生，大胡六歲，因此，有些中國大陸網民公開稱胡適是「當今姊弟戀的老師」，又譏胡適為「當今包養二奶的楷模」；有的說「胡適一生只一妻，婚外情人卻不少」，而嘲諷他「外面彩旗飄飄，家中紅旗不倒」。亦有人稱他是「調情聖手」、「偷情高手」和「小三獵者」。胡適生前熱心提倡「怕太太」（PTT）主義，自己卻連連出軌，既對不起太太，又玷污了「胡聖人」的金字招牌。

胡適這些婚外情的女人寫給胡適的情書不論長短，都有一個特色，那就是熱情似火焰！台北師範大學歷史系畢業、哈佛歷史博士、現任教美國印第安那州德堡（Depauw）大學的江勇振在其著作《星星・月亮・太陽：胡適的情感世界》中形容胡適如同太陽，江冬秀、韋蓮司和曹誠英則是三個月亮，其他和胡適有緋聞的女人都是星星。

江冬秀纏過小腳、識字不多、能幹、細心、個性強。住紐約期間隨時在胡適領帶裡藏五元美金，萬一被搶劫，仍有錢坐計程車回家；她亦常在胡適衣服的口袋裡放耳

胡適與妻子江冬秀。

挖。一九七五年，江以八十五歲高齡病逝台北，胡適和特立獨行的韋蓮司於一九一四年在康乃爾大學所在地綺色佳（Ithaca）認識，從此即展開將近半世紀的友情與愛情，留下了三百多封和胡適的通信。一九七一年，韋蓮司以八十六歲高齡因意外死於加勒比海巴巴多斯島（Barbaidos）。任教普林斯頓大學的周質平曾著《胡適與韋蓮司：深情五十年》，韋蓮司終生未嫁。

一九七三年以七十一歲之齡在上海去世的曹誠英（珮聲）小胡十一歲，是胡適三嫂的妹妹，一九一七年胡適和江冬秀結婚時，曹女當伴娘。沒想到六年後（一九二三），胡適和曹誠英在杭州西湖畔熱戀、同居（一說曹女曾懷孕），當胡適向江冬秀提出離婚要求、俾和曹結婚時，江冬秀衝進廚房拿起菜刀威脅胡適要把她和胡適所生的兩個兒子（祖望、思杜）殺掉，並大罵曹女是狐狸精，還把曹的照片撕掉，胡適嚇壞了，但仍和曹藕斷絲連。

一九三四年，曹女曾留學美國，胡適介紹她認識韋蓮司（韋、曹都是和胡有過性關係的情人）。一九三七年曹回國後曾與美國回來的曾姓留學生談戀愛，且論及嫁娶，但遭江冬秀破壞。曹女一度想出家做尼姑，遠在美國的另一仰慕胡適的學生吳健雄亦曾聽到此消息。曹女是胡適眾多情人中和胡適打得最火熱的一個，也是命運最坎坷的一個。她在私下稱胡適為「糜哥」（胡原名嗣糜）。她在一九二五年七月八日寫給胡適的情書說：「糜哥，在這裡讓我喊一聲親愛的，以後我將規矩的說話了。糜哥，我愛你，刻骨的愛你。我回家之後，仍像現在一樣的愛你，請你放心。」信尾寫道：「祝我愛的糜哥安樂。」曹誠英獲康乃爾大學遺傳育種學碩士，後來任教安徽大學、復旦大學。一九四九年二月十六日，胡適離開大陸前，上海亞東圖書館館長汪孟鄒為胡餞行，請曹誠英作陪，曹曾勸胡不要跟蔣介石走。這是胡適和曹誠英的最後晤面。

胡適於一九五八年四月八日應蔣介石之邀回到台北，出任中華民國最高學術機構中央研究院院長（接替朱家驊）之職，結束了在紐約多年的落魄、無根而又缺乏長期正式工作的寓公生涯。江冬秀遲至一九六一年十月十八日始返台。胡就任院長時實歲雖僅六十六，但健康並不十分良好，且有心臟病宿疾，但他的風流天性並未稍歇，每天總有一堆台北各報跑文教新聞的女記者找他問東問西。她們的真正意圖不是挖新聞或請胡博士發表談話，而是要和溫柔、體貼、瀟灑的胡適多多接近。

就如同胡適專家唐德剛在閒談中所說，胡適不愛錢，但很好色，尤其是最喜歡和女記者親近，女記者亦以能和胡博士「很熟」而喜不自勝！一群三、四十歲的女記者在胡院長的面前，都變成了「小女生」，而六十多歲的胡適也成為「小男生」，還打女記者的手心。一九六〇年十二月二十六日，《公論報》女記者宣中文採訪胡適，胡看到她所寫的清華大學老校長梅貽琦重獲健康的報導，引用晏同叔（晏殊）的詞，斷句斷錯了。胡適對她說：「該打，打手心。」胡頌平在《胡適之先生晚年談話錄》中說：「先生這麼說，宣中文就把右手仰轉遞過來，先生也在她的手心打了幾下。」宣中文說：「我得到了先生的指點，以後絕不隨便引用套語了。」胡適要打宣中文手心已不只一次。

胡和女記者「打情罵俏」，對男記者卻不太客氣，一九六〇年十二月二十日，《徵信新聞》（即現在的《中國時報》）記者彭麒訪問胡適談有關小學教育和體罰問題。胡問他有沒有看過胡適的老著作《四十自述》，彭答說沒看過。胡適不悅地說：「你連《四十自述》還沒有看過，怎麼跑來採訪胡適之的消息？」大度的胡適馬上送他一本《四十自述》。胡適喜歡應酬亦善於交際，史學家何炳棣曾當面微批他「生平醒的時間恐怕三分之二都用在會客」。

圍繞在胡適身邊的女記者群中，有一個人和他雙雙墜入了情網，她就是長相甜美、漂亮的

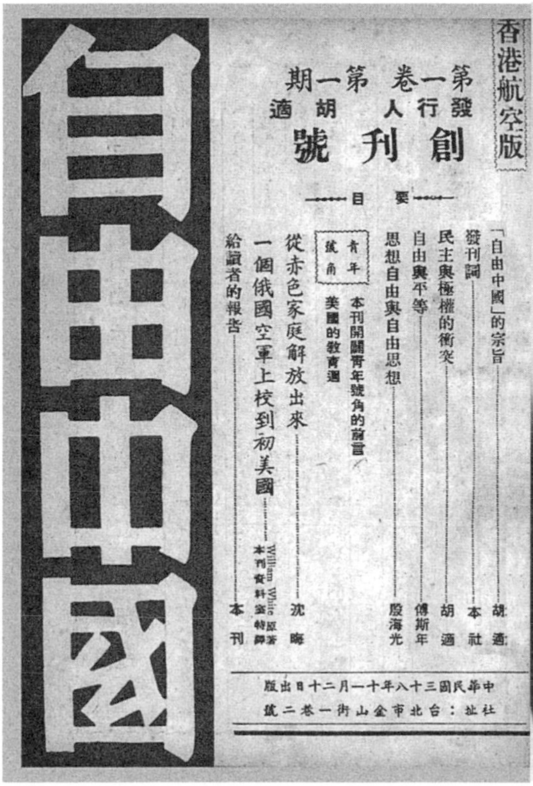

自由中國

香港航空版

第一卷第一期

發行人 胡適

創刊號

要目

「自由中國」的宗旨……胡適

發刊詞……本社

民主與極權的衝突……胡適

自由與平等……傅斯年

思想自由與自由思想……殷海光

青年號角 本刊開闢青年號角的前言

美國的教育週

從赤色家庭解放出來……沈晦

一個俄國空軍上校到初美國……William White原著 本刊資料室特譯

給讀者的報告……本刊

中華民國三十八年十一月二十日出版

社址：台北市金山街一巷二號

在中國近代史上，「舊學邃密，新知深沉」的胡適，是個真正「開風氣」的播種者。他在思想、學術、文化和政論上，都發揮了吹鼓手兼拓荒人之功。胡適提倡民主、法治、人權、言論自由和批評自由的貢獻，遠超過他在考據學上的成就，這也是後人感念胡適的最重要原因。但胡適希望以言論督促政府進步的良法美意，卻在他和王世杰、杭立武、雷震等人於一九四九年在台北創辦的《自由中國》半月刊上，遭到蔣介石政府的無情打壓。一九六〇年初秋，雜誌負責人、前國民黨高幹雷震，因籌組反對黨而入獄十載，加諸雷震的莫須有罪名包括：「隱匿匪諜」、「為匪宣傳」、「為匪張目」、「涉嫌叛亂」。在五〇年代，對台灣的人心和思潮具有相當影響力的《自由中國》，亦因雷震坐牢而永遠停刊。胡適曾在一九六一年七月雷震六十五歲生日時，親自寫了南宋大詩人楊萬里的桂源舖絕句，送給他當生日禮物，以慰勉雷震鼓吹言論自由的大功勞：「萬山不許一溪奔，攔得溪聲日夜喧；到得前頭山腳盡，堂堂溪水出前村。」

中央日報文教記者李青來因採訪胡適進而成為胡適的最後情人。

《中央日報》女記者李青來。如照江勇振所稱的「星星說」，李青來是胡適生前的最後一顆星。西方諺語說：「在僕人的眼中沒有英雄。」胡適晚年兩個最貼身的秘書王志維和胡頌平都在胡適過世後盡力維護主人的名聲和形象，皆未洩露天機，亦未提胡、李戀愛的細節。胡頌平亦僅在《胡適之先生年譜長編初稿》和《胡適之先生晚年談話錄》中偶爾記載李青來去看胡適的條目。胡適晚年日記尤其簡陋不堪，價值不高。但百密必有一疏，大陸作家兼魯迅專家陳漱渝於一九九一年一月二十二、二十三日專程到南港中研院拜訪王志維，王志維即向他透露李青來是胡適的女朋友！

陳漱渝引述王志維的話說：「胡適晚年還有一位女朋友，叫李青來，是台灣《中央日報》的記者。胡適非常欣賞她的文筆。李青來有白髮，但每次探望胡適之前都化妝，焗黑油（染髮）。胡先生見她之前也化妝、梳頭、擦面油、修指甲。」李青來在眾女記者中脫穎而出，成為「胡聖人」生前最後一個情人！他們的見面比一般的採訪多了一重不尋常的意境，那是只有戀愛中人才能體會到的況味，所以他們都要搬出最好看的一面讓對方欣賞！王志維又說：「有一次，李青來跟陳香梅一起來訪。當時胡適批評《中央日報》沒有報導蘇聯《真理報》上刊登的一則消息，但第二天早上發現《中央日報》已經登了，感到昨天質問得沒有道理，冤枉了李青來，立刻寫了一封信道歉。」

李青來的《中央日報》同事龔選舞，上世紀八〇年代初和我在紐約《美洲中國時報》共事時，即曾多次提起他當年的同事李青來是胡適的女朋友。又說，《央報》不少編輯和記者都知道這件事，也許是擅長交際而又很有手腕的李青來在報社到處炫耀她和胡適的關係，《央報》高層（如社長胡健中）亦很可能知悉李青來與胡適之關係不尋常。一九六〇年一月二十五日，胡適致函胡健中說：「昨天李青來女士交來《學人》稿費三百元，甚出意料之外！此文（討論虛雲和尚）已印過一次，不應收稿費……。」

龔選舞說，李青來是江蘇人，約生於一九二〇年前後，大他約三、四歲左右。抗戰初期和同學薛毓麟（其兄為國府外交官薛毓麒）等作伴入蜀，薛為江蘇常州人，一度是李青來的男友。薛畢業於武漢大學（時遷四川樂山），赴台後曾服務於農復會、《聯合報》，赴美後曾在紐約《世界日報》擔任二十多年編譯，二〇一一年一月辭世，享年九十一。李青來畢業於大夏大學（一說是四川大學）。抗戰勝利後，李青來任職吳紹澍所辦的上海《正言報》，因面貌姣好，據說曾拍過電影《日本間諜》。

當時滬上一帶的李青來、《申報》的謝寶珠、《新聞報》的嚴洵、《大英夜報》（後為《商報》）的池廷熹、《前線日報》的夏丁杉、中央社的陳香梅、《辛報》的許瑾、《和平報》的陳羽新、《僑聲報》的楊秀瓊等人風頭最健，每個女記者都愛打扮，追求時髦，而李青來、謝寶珠、楊秀瓊和嚴洵又被稱為新聞界「四大花旦」。有人說李青來因筆鋒健，擅寫小文章發表在文藝刊物上，故又被稱為「小文學家」。龔老透露，當年《申報》的謝寶珠為採訪廬山馬歇爾與蔣介石會談的新聞，刻意結交官邸侍衛而常能獲得獨家新聞，引起蔣的震怒，乃下令調查。香港《大公報》名記者周榆瑞，一九六〇年曾以筆名「宋喬」在香港學文書局出版《侍衛官雜記》諷刺蔣介石的侍衛官，風行一時。周榆瑞於六〇年代前往英國，一九八〇年三月辭世，終年六十三。

龔老曾應筆者之請，兩度寫了李青來的生平供參考。他說：「李小姐天生麗質，秉性和善，生就一付俗稱『豌豆角』型美目，似笑非笑，引人好感。離滬前，與其時隸屬三青團系的市議員趙先生（浙江諸暨人）結婚。來台後，趙先生出任省立宜蘭中學校長，李亦隨其夫在該校任教。」

龔老憶述說，李在學校出了事（筆者不便引述），而被迫一個人到台北闖天下。龔老又說：「李小姐即離宜蘭，前往台北，先到《經濟時報》擔任採訪主任，後任婦聯會新聞發布工作，終日往來於各報及電台之間，精力十足，艷光四射，一時青年記者爭相採訪婦聯會新聞，爭睹其一顰一笑。益以其性情隨和，善體人意，一時在台北成上等交際名花。」但因太有名了，終於遭忌，而不得不離開婦聯會。李青來即受聘主編《中央日報》的婦女週刊，一週上班一次，但非正式員工，其辦公桌正好設在龔老當主任的資料室裡。不久，李青來即成為《央報》文教記者，可以發揮其長才。龔老回憶說，當時《央報》有兩大美女，一是李青來，另一個是上官小姐，其夫是空軍將領衣復恩的弟弟衣復仁。龔老說，李青來跑新聞勤快又敬業，並且「和善而艷」，普受文教機關上下一致歡迎。

李青來即在新聞線上吸引住風流儒雅的胡博士。李亦善巴結奉迎，她利用胡適摯友趙元任、楊步偉（韵卿）幾次訪台的機會，透過胡適的關係，拜楊步偉為乾媽。一九六一年一月二十六日晚上，胡適先在電話中向李青來透露他將於春天訪美的消息。二月六日，胡適寫信給旅居北加州柏克萊的趙、楊夫婦，告訴他們他打算在三月三十日搭乘西北航空赴美，親自向他的康乃爾大學老師魏考克（Walter F. Willcox）祝賀百齡生日，並代表台大參加麻省理工學院百年校慶。胡適在這封信的最後一段寫道：「韵卿的乾女兒李青來說要託我帶點小東西給乾媽。」但二月二十五日胡適心臟病突發，被迫取消美國之行。

一九六二年二月一日，胡適曾寫一封信給李青來，欲更正《中央日報》副刊小說〈大漢春秋〉插圖不符合史實之處，指出漢代沒有椅子凳子。胡適信首寫道：「青來女士：好久沒有看見你了，你好嗎？」信尾說：「祝你新年快樂！」胡適應中副主編孫如陵之請，把這封信改成「致編者先生」函發表。李青來的兒子趙林畢業於東海大學中文系，芝加哥大學博士，出國深造前曾在中研院歷史語言研究所當助理，其同事常聽到他提起胡適和李濟（史語所所長）都很喜歡他媽媽。趙林曾在政治大學和中國文化大學的中文研究所教書，亦曾任僑委會主任秘書、章孝嚴辦公室主任。又據龔老說，李青來的另一個兒子在五〇年代曾響應海軍號召而從軍，頗受媒體稱揚。

李青來晚年情何以堪

一九六二年二月二十四日，胡適在中研院蔡元培紀念館招待院士酒會上發表談話時因過度激動而倒地猝死。龔老聽報社的人說，李青來看到胡適倒下，馬上衝過去抱住他，王志維則找藥，為胡適作人工呼吸。胡死後，台北學生書局出版《胡適先生紀念集》，書裡即收錄了李青來訪問王世杰、毛子水、李濟和羅家倫追憶胡適的四篇文章。李後來曾在《大眾日報》擔任八年撰述委員。龔老說，由於李青來「平日交遊廣闊，所費亦巨」，其時台北盛行標會，李青來深陷其中，熱中標會，不克自拔，卒因多次倒會而被判詐欺坐牢。在牢裡時間雖不長，龔老說她「美髮盡白，窮愁無依」，幸賴國民黨文藝界大老、國大代表趙友培收容以至老去。

〔附錄〕

夤緣善變的蔣介石文學侍臣陶希聖

龔選舞

自古，中國文人十載寒窗、矻矻以赴的，不過是讀好書來售予帝王之家。通常，一般的文士略通詩書，得意試場，換來個為官作宦機緣，也就心滿意足；只有那極少數的把正面的典籍與裡層的謀略徹底貫通一氣的高才，方能隨時置身君側，參與秘笏，清貴者尊為文膽，顯赫者列立公卿。前者歷代以來，多如過江之鯽，而後者則一直是鳳毛麟角，論及現世，亦僅得周佛海及陶希聖而已。

周佛海以一介清寒留日學子，廁身政壇，始則為共黨元勳，繼則任蔣氏記室，終則慫恿汪精衛出組偽府，且進而成為汪朝靈魂。及勝利復員，南北諸奸無不授首，獨周佛海曾與國府暗通款曲，而得赦不誅。

棄汪投蔣位列公卿

陶希聖一生行事，亦復類是。北伐前後，陶氏由法律學家而轉治中國社會史，首倡以經濟因素解說中國社會變革之說，一時遂被目為進步學者；稍後，挾其學術地位，投身國民黨改組派，隨即成為汪精衛身邊紅人，一度且成為汪與日本談和投降代表。及不得志於汪朝，復能以揭發日汪密約之故，而得以投身蔣氏幕府，且能繼陳布雷先生之後，成為蔣氏貼身的文學侍臣！自古，中國即有蘇、張縱橫捭闔之輩，周、陶其流亞歟？

陶希聖，一八九九年出生於湖北黃岡一個官宦家庭，初承庭訓，國學早奠深厚基礎；及長，考入北京大學法科，接受思想及法學訓練。一九二二年畢業後，即能採擷中國古籍，參以西洋法治理論，編著《中國親屬法》一書；以其學貫中西、立論嚴密，一時竟被法界視為圭臬。

但陶氏殊不欲自限枯燥的法學一隅，乃轉而擴大視野，勤治中國社會史及中國政治思想史，開始從經濟演變解釋中國歷史，並曾以此觸發社會史之論戰。先是，陶氏亦曾捲入國民黨寧漢分裂漩渦，且曾停留漢口頗久，一度遂被目為進步一派，不意陶氏不久卻參加了改組同志會，只是未曾前往北平參與擴大會議。

治學成名改攀仕途

此時，卅出頭的陶氏業已躋身於著名教授之林，不僅勤於著述，更喜參加筆戰，乃以其筆鋒談鋒俱極犀利，致為布雷先生評為鋒芒太露。

如果說好讀書、也會讀書的陶氏能在其早期奠定的學術基礎上繼續深入研究，以其思想之縝密，與其見識之通達，不論在法學上或史學上都必能成一家之言，列名於大師

陶希聖學問很好，是個有建樹的社會經濟史家，但也是個極具爭議性的「多角色人物」。圖為北大時期的陶希聖。

之林。猶憶當時國內大學畢業生之能臻於此一層次者，僅得陶氏與《中國法制史》著者陳顧遠先生兩人。一時，各方學者懷疑二人必係留歐或留日學人，日方學人且亦有持此論者。

可惜的是，學貫古今的陶氏竟亦不免於中國文士讀書干祿的傳統，適在其讀書成名之際，即轉向政治，熱中異常。七七事變後，以北大教授名銜應國民黨中央政治會議之邀，參加廬山談話會，循此終南捷徑，乃得以參與國防參議會，並定期列席軍事委員會參事室會談，不時為蔣、汪兩氏畫策進言。特別是汪，更倚為股肱，時置左右。

時對日抗戰形式不佳，陶氏與周佛海等乃倡「抗戰亡國」之悲觀論調，經常密談如何收拾戰局，導致媾和問題；一時，南京西流灣八號周寓地下防空室遂成為謀合投降份子聚談之所，致被胡適之先生譏為「低調俱樂部」。但在同時，周、陶兩人卻接受蔣氏每月銀元五萬元的特別津貼，組織所謂「藝文研究會」，共同擔任地位平行之總幹事，奉命叫出了「國家至上，民族至上」、「抗敵第一，勝利第一」的宣傳口號。

慫恿汪氏與日謀和

不久，國民黨代表大會在武漢召開，自視為黨內大老的汪精衛被選為副總裁，正式屈居於黨內後進的蔣總裁之下，自此居常鬱鬱不樂。時以汪氏策士自任之陶氏乃拉攏梅思平等，力勸汪氏對日謀和，另行組府。及周佛海因轉報高宗武與日方接觸經過而接近汪氏，高、陶、周、梅遂成為慫恿汪氏謀和之核心人物，及親自參與汪派對日談判而不滿「日支新關係調整要綱」的陶氏離汪出走之後，譽之者指其仍顧民族大義，尚能迷途知返。但汪派人物則指其係因與周佛海爭權失敗，憤而出走，周之心腹金雄白在其所著《汪政權的開場與收場》中即有下列之兩段之敘述：

汪之決心談和，以及決心離渝，高陶兩人事前均曾向汪極力慫恿，高陶可說是汪政權之原動力，而結果在汪騎虎難下之時竟叛汪而去，所以周佛海曾因此表示極大之憤慨，詈之為陰險，稱之為人心難測。……陳公博、周佛海兩人，離渝之後，僅提出和戰意見之不同，而對蔣氏個人，則從無一語之攻擊。在周所公開發表之文件中，且始終稱蔣先生而不名……陶希聖擔任「中宣部長」後，登場伊始，即積極對蔣先生攻擊。據本港（指香港）創墾社印行之《周佛海日記》中所發表陶手訂之宣傳大綱，一開始即這樣寫：「蔣以國殉共，以黨殉人，挾持軍民，誣主和者為漢奸，以暴力相摧毀」云云。

總之，陶之兩番「出走」，真相為何，至今仍屬疑案。戰後南京高院大審巨奸周佛海之日，審判長趙琛曾引用陶氏離汪後發表之談話以為控周之證據。周某當時搖首不欲多言，但請法庭傳陶作證，以便對質。這本是陶氏自我洗刷之最佳機會，乃當時擔任《中央日報》總主筆之陶氏，因預料周某必將出此一著，竟先期告假赴滬，致失此大好自清機會。

反覆宦海寵信不衰

陶在離汪出走後，先由杜月笙設法秘密乘輪赴港閒居，復經月笙之手，按月自政府獲得津貼港幣三千元，名義上是辦著一份月出兩期的《國際通訊》。太平洋事變後，陶氏自港脫險抵渝，經陳布雷先生安排，先行出任陳氏所主持之侍從室第二處第五組組長，隱居美專校街二號樓上，一面協助撰寫蔣氏文告，一面則代聖人立言，為蔣氏撰寫《中國之命運》一書。在此期中，由於他自己的處境，再加上侍從室二處保持已久之秘密而又細密之傳統，陶氏與外間極少接觸。

一九四二年底，中美、中英約定於次年元月三日共同公布平等新約。其時，擔任《中央日報》採訪主任之卜少夫先生預先得悉，乃撰為新聞，先期在《央報》刊出。陶氏以「中央日報既無發布中央重大消息之權利，只有不得洩露中央機密之義務」為由，發動改組《中央日報》，並慨然對布雷先生言：「看情形，恐怕只有我自告奮勇了。」結果，在布雷先生首肯下，陶氏乃得出任《央報》總主筆之職，從此再度出頭亮相。

不久，布雷先生以對共戰事失利、時局逆轉，憤慨自裁，陶氏更進一步繼承其為蔣氏撰擬文稿之任，漸次成為蔣氏左右建言畫策謀士。

善謀多忌諛上欺下

一九四九年一月蔣氏再度下野，以國民黨總裁身份輾轉滬、穗、渝、蓉及舟山各地，幕後策畫戰事，陶氏與蔣經國、俞濟時、沈昌煥、曹聖芬、夏功權等一路隨侍左右，共歷艱險，益獲蔣氏信任，各方遂亦目之為權臣近侍。在很長一段期間，其表面職務則為國民黨中宣部副部長、第四組主任、中央委員會常務委員等等，至於一直供其需索之《中央日報》，則長期由其擔任總主筆（有時實為太上社長）及董事長職務。

自古策士率善謀多忌，陶氏自不例外，益以佐汪反汪、反覆而難以自解之後，更多疑善妒，處處疑人輕視、懼人謀己。如在其長期把持之《中央日報》，即時有令人天威莫測之奇笑表演。該報早年高級主管如李荊蓀、黎世芬、周天固諸氏，對其向執弟子禮甚恭，但外間一有不利陶氏傳言，或報社對陶公館無限需索供輸稍有遲延，陶氏即疑社內同仁故意洩漏，或蓄意對其不敬，結果不是惡言醜詆，便是俟機暗箭傷人。有時，當有關方面追查《央報》所刊或有不利黨國要人新聞來源之際，即便是宣傳最高指導人布雷先生亦出之以溫語情商，但陶氏卻恆以「一個人只有一隻腦袋」之言，大加威脅。

平常，《央報》各部門主管對陶氏雖畏而遠之，但不時仍需勉強趨前請示，否則即被陶氏視為不敬而處處加以掣肘，但被責者一經旁人指點，立往謁候，則滿天險霾，即立可化為晴明。

倚仗特權欺壓良民

至國民黨內黨外各報，亦常遭陶氏痛加修理。戰後，王芸生主持《大公報》筆政編務，對國府縱有批評，但絕非共黨喉舌，即陶氏邀功心切，連續撰論迫查相逼，始迫使此一原秉公正立場之報紙加速轉左。另國府遷台以後，陶氏以《中央日報》縱可供其需索，但擔任總主筆一職仍非實權在握，乃乘《中華日報》內部發生糾紛，圖謀加以接收，後雖因該報同仁竭力反對，未遂所欲，但該報重要幹部從此即無法在台立腳，就中，主筆鄭竹園流放來美，竟因研究大陸經濟問題有成而名躁中外，亦可謂因禍得福也歟！

然而，最令人髮指者，厥為其對鄰里平民無告者之藉勢侵凌。一九六〇年初，一婦人在陶氏寓所旁空地依法請得建照，擬建三層樓房，乃建築工程方及二層，陶氏即召來台北市警察第四分局員警加以制止，理由是如任其建樓，陶氏所居內情即可為鄰人自高處窺查，而陶氏承辦總統密件，亦可為人探悉。在這種大帽子壓制之下，警方雖不直陶氏所為，亦不得不助其為虐，強力制止其鄰婦建屋。結果，鄰婦以沉冤難雪、經濟受損之故，乃憤而投環自盡！

失去倚恃晚景落寞

初陶氏在台除以權臣近侍自居之餘，亦以首席新聞評論家自命。由於其讀書通達、見識超人，在一般國內外新聞發展上，多能剖析條理，分其脈絡，而臆測屢中。以是，每逢重要新聞發生，各報記者鮮不趨訪就教。其後，陶氏窺查上意，首倡台海實為世局變化中心之說，繼更在國外情報方面偵知北京與莫斯科交惡之後，仍堅持其「毛受俄控，絕不可分」之論。及台海情勢不復為人重視，而「俄毛」復擺明分裂，陶氏權威地位即漸形動搖，及老蔣總統逝世，繼起者不復加以信任禮遇，寄生藤蘿無所牽附，陶氏遂沒沒以歿，然方之瘐死獄中故友周某，亦云幸矣。

附注一：陶希聖於一九八八年六月二十七日以九十一歲高齡辭世台北，筆者當時擔任紐約《中報》總編輯，曾邀旅居紐約的老報人、前《中央日報》駐歐美特派員龔選舞先生，撰文介紹陶希聖。龔老的文章以筆名「孔寒冰」發表，現徵得龔老同意刊登於此，特此致謝。

附注二：陶希聖的後人近幾年來在海峽兩岸和新大陸，大力為他重建聲譽。陶氏曾投靠汪精衛，後又效忠蔣介石。有一年，陶在台北不慎跌倒摔斷骨頭，台大哲學系某教授聽到陶希聖跌斷骨頭的消息後，冷冷地評論道：「陶希聖還有骨頭嗎？」